MANUEL

DE FILATURE

I

BIBLIOTHÈQUE DES ACTUALITÉS INDUSTRIELLES. N° 126

MANUEL DE FILATURE

PREMIÈRE PARTIE

NOTIONS DE MÉCANIQUE PRATIQUE

Transmission du mouvement. Calculs de vitesses

ET

PRINCIPES GÉNÉRAUX DE LA FILATURE DES MATIÈRES TEXTILES

Etirage. Doublage. Ecartement des cylindres. Torsion

PAR

JAMES DANTZER
Ingénieur-Conseil
Expert près les Tribunaux
Professeur de Filature et Tissage à l'Institut Industriel du Nord de la France
Professeur à l'Ecole Supérieure de Commerce de Lille et à l'Ecole Nationale des Arts Industriels de Roubaix
Officier de l'Instruction publique
Chevalier du Mérite agricole

PARIS
Librairie Bernard TIGNOL
PUBLICATIONS DE LA
LIBRAIRIE de L'ÉCOLE CENTRALE des ARTS et MANUFACTURES
53 *bis*, Quai des Grands-Augustins, 53 *bis*

INTRODUCTION

Le présent ouvrage, si modeste, donnant les principes généraux et les Notions de mécanique nécessaires à l'étude de la filature, a rendu, nous osons l'espérer, quelque service à tous ceux qui n'ayant fait que des études élémentaires débutent dans cette branche de l'industrie, et désirent se rendre compte des vérités essentielles qui en forment la base. A nous en rapporter au tirage et à la vente de ce traité, nous pouvons croire que notre but a été atteint, et qu'il a répondu à un besoin réel.

Nous n'avons pas voulu en rester là et nous ajoutons dans cette édition nouvelle, des notions aussi simples et aussi claires que possible, que nos lecteurs seront heureux d'y rencontrer, nous n'en doutons pas.

On trouvera des renseignements pratiques sur les chaudières, machines à vapeur, dynamos, etc. Divers tableaux trouveront leur utilité dans nombre de calculs dont l'emploi est si fréquent en filature. Enfin des données pratiques ont été ajoutées, se rapportant aux matériaux divers, aux combustibles, etc.

Lille, le 15 juin 1905.

JAMES DANTZER.

PREMIÈRE PARTIE

Notions élémentaires de mécanique.

PRÉLIMINAIRES

Nous nous bornons dans cette première partie de notre travail à exposer aussi brièvement et aussi simplement que possible les principaux modes de transmission de mouvement, que l'on rencontre couramment dans les machines de l'industrie textile, nous donnons quelques renseignements usuels sur les poulies et courroïes de transmission ainsi que sur les huiles de graissage et nous indiquons un moyen pratique de déterminer la force absorbée par une machine afin de pouvoir se rendre compte de son mode de travail.

I. Transmission du mouvement entre deux arbres parallèles.

1° Par engrenages cylindriques.

Dans le cas où les arbres sont rapprochés et parallèles entre eux, on place sur chacun d'eux un engrenage cylindrique ainsi que le montre la fig. 1. Les deux engrenages A et B engrenant, les arbres tourneront dans le sens des flèches, c'est-à-dire contrairement l'un à l'autre.

Si l'on place un engrenage intermédiaire *a* entre A et B, ainsi que l'indique la fig. 2, les arbres tourneront, au contraire, dans le même sens.

La dimension de la roue intermédiaire *a* peut être quelconque, elle ne modifie en rien la vitesse transmise.

Parfois, pour rattraper les distances, il est nécessaire de mettre plusieurs intermédiaires entre les engrenages

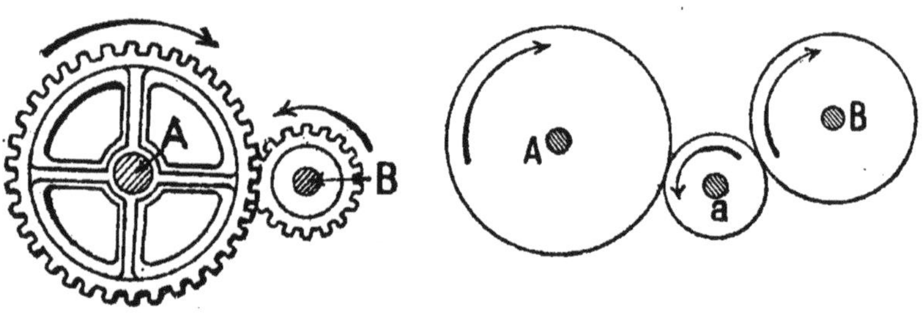

Fig. 1. Fig. 2.

A et B. *Si le nombre de ces intermédiaires est impair, l'arbre moteur et l'arbre actionné tournent dans le même*

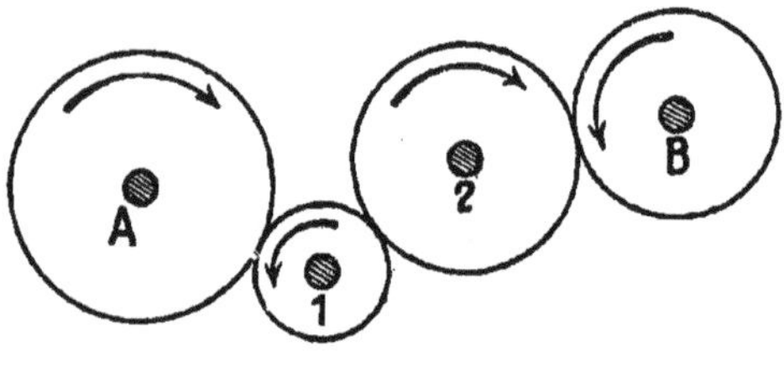

Fig. 3.

sens, et si le nombre de ces intermédiaires est pair, les deux arbres tourneront en sens contraire l'un de l'autre.

Dans les dispositifs représentés par les fig. 1, 2 et 3,

on modifie la vitesse de l'arbre commandé par le changement des engrenages A ou B, ce qui n'est pas toujours pratique. Il est alors préférable de recourir à un dispositif spécial représenté fig. 4 en élévation et en plan et qui consiste en un groupe de 2 engrenages soli-

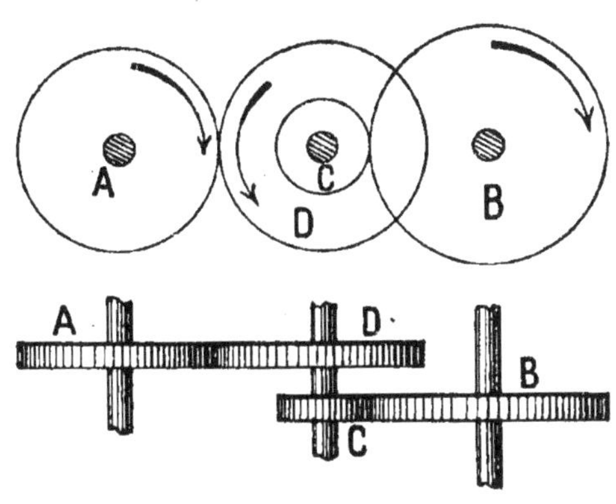

Fig. 4.

daires C et D, l'un engrène avec A, l'autre avec B. Cette disposition porte le nom de *Tête de cheval* et C est le pignon de change.

2° Par poulies et courroies, par chaînes ou par câbles.

Si les arbres sont éloignés l'un de l'autre, on a recours aux poulies et courroies quand la distance d'axe en axe

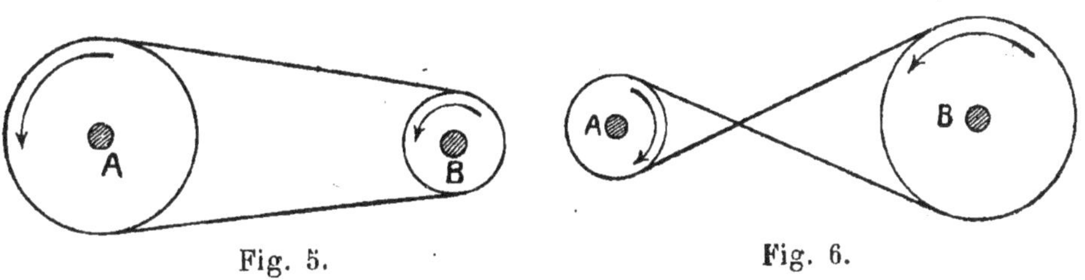

Fig. 5. Fig. 6.

des arbres n'est pas trop considérable et que l'humidité n'est pas à craindre. La fig. 5 montre que par une courroie droite on fait tourner les deux arbres dans le même sens. La fig. 6 fait voir que si on croise la courroie, les deux arbres tourneront en sens contraire l'un de l'autre.

Les deux arbres parallèles étant commandés par poulies et courroies (fig. 5 et 6), il est quelquefois nécessaire de dévier la courroie ; dans ce cas, on applique des galets de renvoi sur la courroie, de façon à suivre le parcours voulu. C'est ce que représente la fig. 7 : *a* est la poulie motrice, *b* est celle placée sur une machine que l'on veut actionner, *c* et *d* sont des galets de renvoi.

Quand il est nécessaire d'augmenter considérablement le nombre de tours transmis à une poulie, on emploie un arbre intermédiaire, dit de renvoi, ainsi que

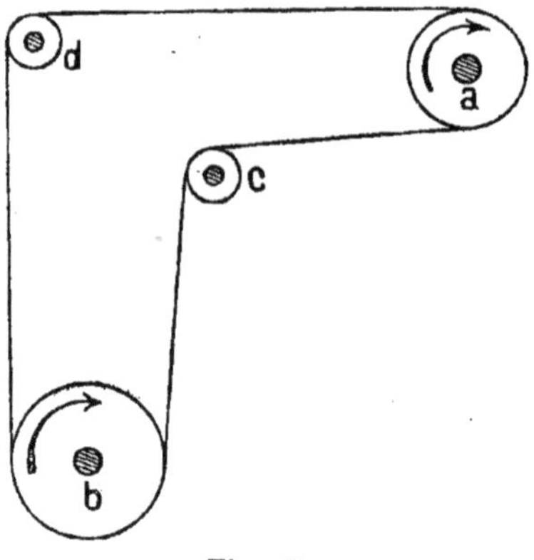

Fig. 7.

l'indique la fig. 8. Dans ce cas, l'arbre moteur actionne le renvoi R par une paire de poulies, et le renvoi agit sur l'arbre commandé par une deuxième paire de poulies dont les diamètres sont établis suivant les vitesses à obtenir.

Quand le mouvement à transmettre entre deux arbres parallèles peu éloignés est assez lent, on a recours aux chaînes ainsi que l'indique la fig. 9. A cet effet, les roues A, A′ sont munies de dents pénétrant dans les maillons de la chaîne. Cette dernière est faite de mail-

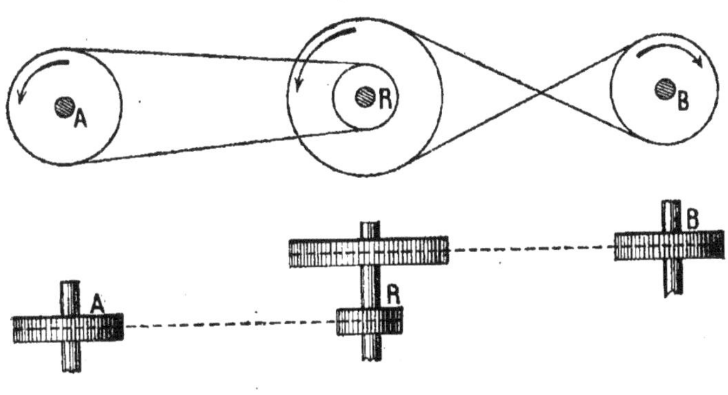

Fig. 8.

lons simples en fil de fer genre Vaucanson ou en mailles doubles, triples, quadruples, articulées, en tôle genre Galle, suivant l'effort à transmettre. Si la chaîne n'a pas subi d'allongement, on obtient très exactement le rapport voulu entre les vitesses des arbres A A′.

Lorsque les arbres parallèles entre eux sont très éloi-

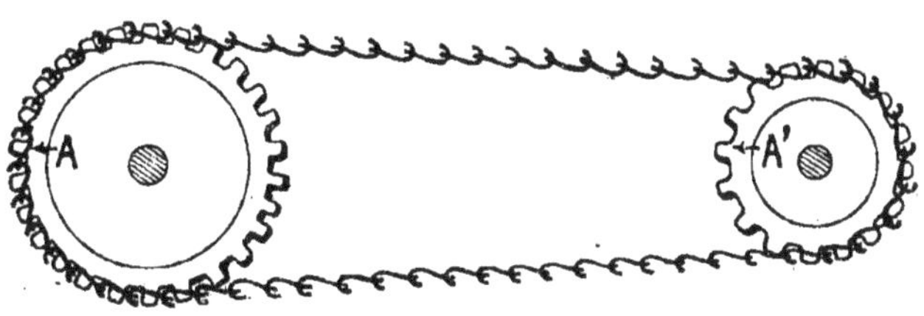

Fig. 9.

gnés, la transmission se fait à l'aide de poulies à gorge sur lesquelles agissent des câbles de fils métalliques ou de chanvre. Ces câbles pour ne pas flotter sont supportés tous les 25 mètres environ par des galets (fig. 10). La vitesse à donner aux câbles télédynamiques est d'environ 15 à 20 mètres par seconde.

Aujourd'hui pour transmettre le mouvement à grande distance on préfère le transport de force par courant électrique. A cet effet, une machine dynamo *génératrice*

Fig. 10

fournit le courant à transporter à un endroit voulu. Ce courant est reçu par une dynamo *réceptrice* qui transmet son mouvement aux machines.

Considérations générales sur la transmission par poulies et courroies.

1° La distance entre deux arbres commandés par poulies et courroies droites doit toujours être au moins égale à deux fois le diamètre de la plus grande poulie.

Si la courroie est croisée, cette distance minimum entre les deux arbres doit être égale à 3 fois le diamètre de la plus grande poulie.

En général, cette distance doit être la plus grande possible, mais cependant ne doit jamais être supérieure à 10 mètres.

2° Dans une transmission bien montée, le rapport entre les diamètres des poulies qui se commandent entre elles, ne doit pas dépasser 7, environ, c'est-à-dire que si une poulie a 70 centimètres de diamètre, l'autre peut être encore dans de bonnes conditions et la courroie travaillera convenablement si elle n'a pas moins de 10 centimètres de diamètre.

II. Transmission du mouvement entre deux arbres faisant entre eux un certain angle.

Si les arbres forment entre eux un certain angle, on les commande généralement au moyen d'engrenages côniques ainsi que l'indiquent les fig. 11 et 12. Si les

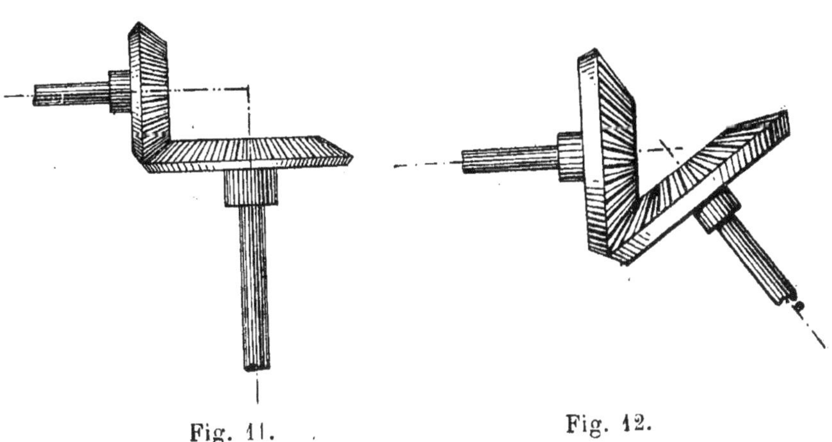

Fig. 11. Fig. 12.

arbres doivent avoir la même vitesse, on donne aux engrenages le même nombre de dents ; dans le cas contraire, on place des engrenages côniques en conséquence.

Parfois, cette commande se fait au moyen de poulies et de courroies ainsi que l'indiquent les fig. 13 et 14, il est alors nécessaire de ramener la courroie dans la direction voulue, ce qui exige l'emploi de galets de renvoi.

On emploie aussi parfois le dispositif indiqué fig. 15 qui porte le nom de *Joint de Cardan*. Il faut que l'effort

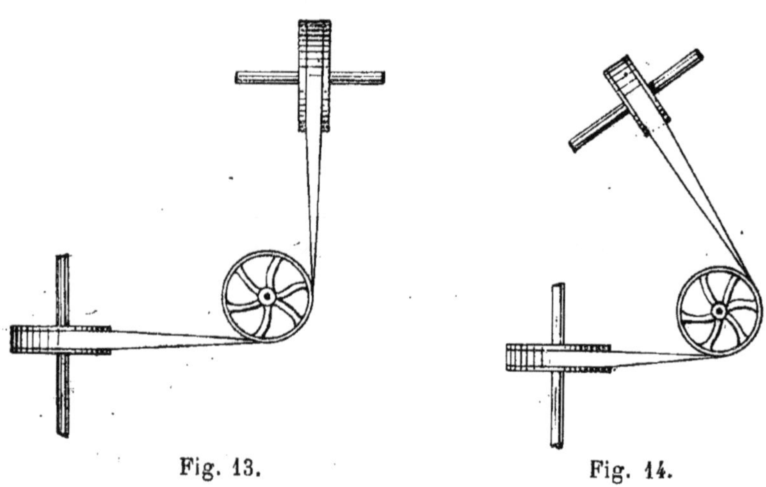

Fig. 13. Fig. 14.

à transmettre ne soit pas trop considérable. En général, on ne doit employer cet organe que si l'angle que forment les deux arbres n'est pas inférieur à 135°.

III. Transmission du mouvement entre deux arbres dont les projections horizontales sont perpendiculaires l'une à l'autre.

Quand les arbres sont dans des plans dont les projections horizontales sont perpendiculaires, on a le plus souvent recours aux poulies et courroies torses ainsi que l'indique la fig. 16. Pour que la poulie *a* calée sur l'arbre moteur et l'arbre A tournent dans le sens indiqué par les flèches, il faut que la tangente verticale menée à la poulie *a* passe par le milieu de la largeur de la poulie *b*, comme le montre la figure, autrement la courroie tombera. Si l'on veut faire tourner l'arbre A en sens opposé de celui indiqué, il suffit de déplacer la poulie b et de la mettre en b', dans une position symétrique par rapport à l'axe vertical du dessin. Il y a lieu aussi de tenir compte de l'écartement entre l'arbre

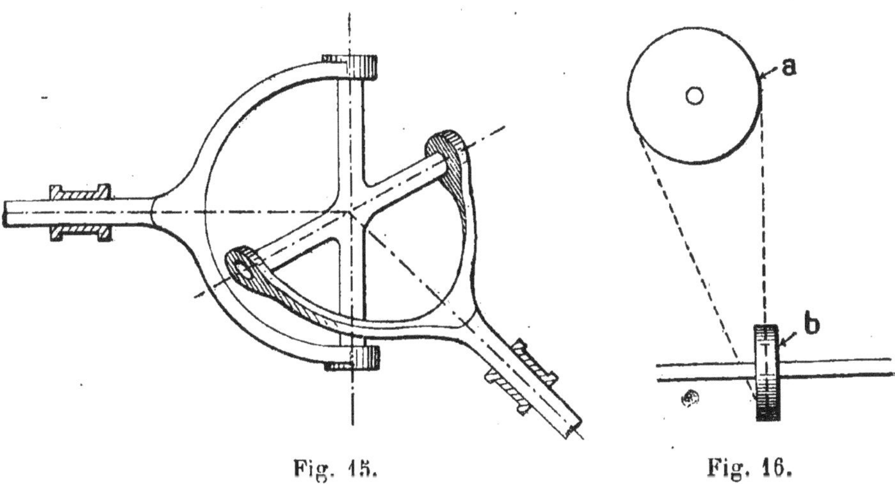

Fig. 15. Fig. 16.

moteur et l'arbre commandé qui ne peut pas être inférieur à la valeur que donne la formule suivante :

Ecartement minimum $= 10\sqrt{D \times l}$, dans laquelle D est le diamètre de la poulie motrice et l la largeur de la courroie.

IV. Transmission du mouvement entre des arbres parallèles (*Cas particuliers*).

Lorsque les arbres sont parallèles il est quelquefois impossible de les commander par poulies et courroies, en plaçant des poulies dans un même plan, dans ce cas il suffit de mettre un galet de renvoi b entre les deux brins de la courroie, ainsi que l'indique la fig. 17, on peut alors transmettre le mouvement de la poulie *a* placée sur l'arbre moteur à une autre poulie *c* calée sur l'arbre commandé.

Si les arbres et les poulies occupent des positions

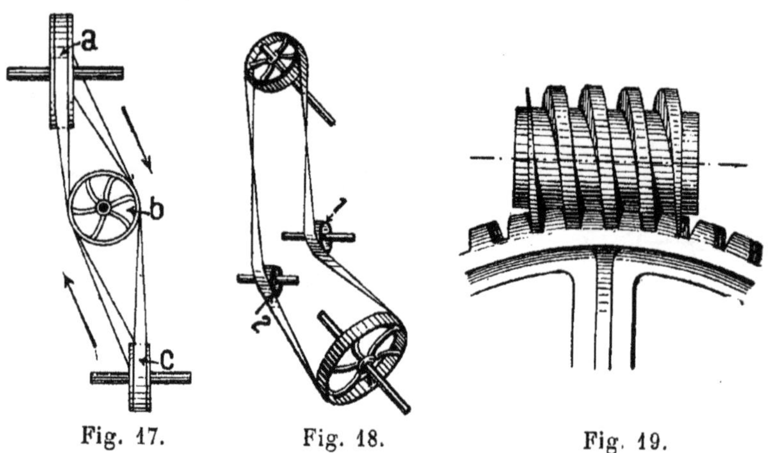

Fig. 17. Fig. 18. Fig. 19.

quelconques dans des plans quelconques, on a encore recours aux galets de renvoi ou galopins tels que *1* et *2* fig. 18.

V. Transmission du mouvement par pignon et vis sans fin.

Il arrive parfois que les arbres *a* et *b* sont tellement rapprochés l'un de l'autre qu'on ne peut plus employer les courroies ou les engrenages, on se sert alors d'une commande par pignon et vis sans fin (fig. 19). Cette disposition permet d'ailleurs de transmettre des mouvements très lents. Plus le pignon commandé par la vis a de dents, plus il tourne lentement, car chaque tour de la vis fait tourner le pignon d'une dent quand cette vis est à filet simple, de deux dents quand elle est à filet double, etc... Pour faire décrire un tour de roue pour un nombre donné de tours de vis, il faut calculer le diamètre de cette roue. A cet effet, on applique la formule $D = \frac{N \times p}{3,1416}$ (D est le diamètre, N le nombre de tours de la vis, p. le pas de cette vis).

VI. Transmission d'un mouvement à vitesse variable.

Quand on doit transmettre un mouvement à vitesse variable entre deux arbres parallèles, comme dans les bancs-à-broches de filature, on monte habituellement un cône sur chacun des arbres, la grande base de l'un correspondant à la plus petite de l'autre, et réciproquement, comme l'indique la fig. 20. La vitesse variable transmise à l'arbre B par l'arbre A varie suivant la position de la

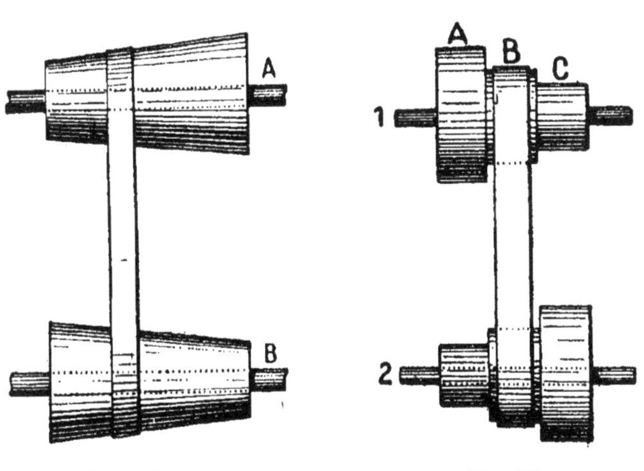

Fig. 20. Fig. 21.

courroie C sur les deux cônes. On peut obtenir ce même résultat au moyen de cônes étagés (fig. 21) qui permettent d'obtenir des vitesses différentes suivant que la courroie s'applique sur l'un des cônes A, B, C du système 1, placé sur l'arbre moteur et sur les cônes correspondants du système 2. L'arbre moteur a une vitesse constante et l'arbre commandé a une vitesse qui varie suivant la position de la courroie sur les cônes. On emploie ce genre de transmission dans presque toutes les machines outils.

Le même résultat peut encore s'obtenir par la disposition indiquée fig. 22, en employant deux cônes et un

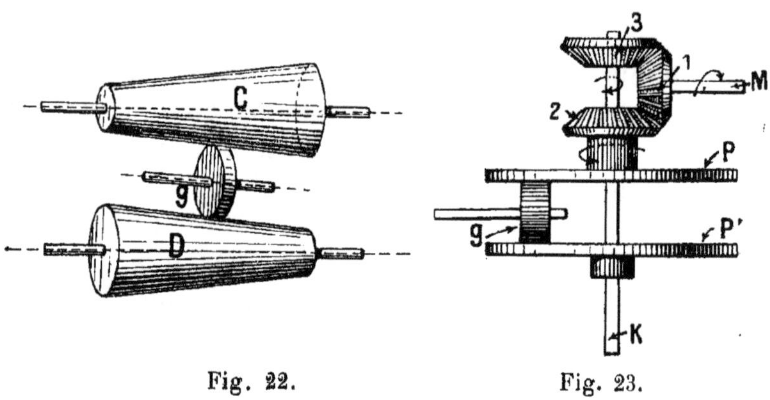

Fig. 22. Fig. 23.

galet de friction interposé (La petite base de l'un correspond toujours à la plus grande base de l'autre et réciproquement). Le cône C calé sur l'arbre moteur tourne à une vitesse constante et communique une vitesse variable au cône D par l'intermédiaire du galet de friction *g* qui peut se déplacer entre les cônes. Cette disposition se trouve utilisée dans certains bancs-à-broches.

La fig. 23 est encore un autre genre de commande à vitesse variable, également employée dans les bancs-à-broches. L'arbre moteur M, tournant à une vitesse constante, est muni d'un engrenage cônique 1 qui transmet le mouvement aux roues 2 et 3. La roue 3 calée sur l'arbre vertical K, entraîne ce dernier et par suite le plateau P′ qui en est solidaire. La roue 2, dépendante du plateau P et folle sur l'arbre K, entraîne le plateau P en sens inverse de P′. Il est aisé de voir que ces plateaux transmettent alors un mouvement de rotation au galet de friction *g* placé entre eux et cela, avec une vitesse variable selon la position du galet (La vitesse augmentant à mesure qu'il s'éloigne du centre).

VII. Commandes diverses.

1° Dans certaines machines, des organes devant tourner rapidement, ne doivent se mettre en vitesse que progressivement afin de diminuer la force motrice qui

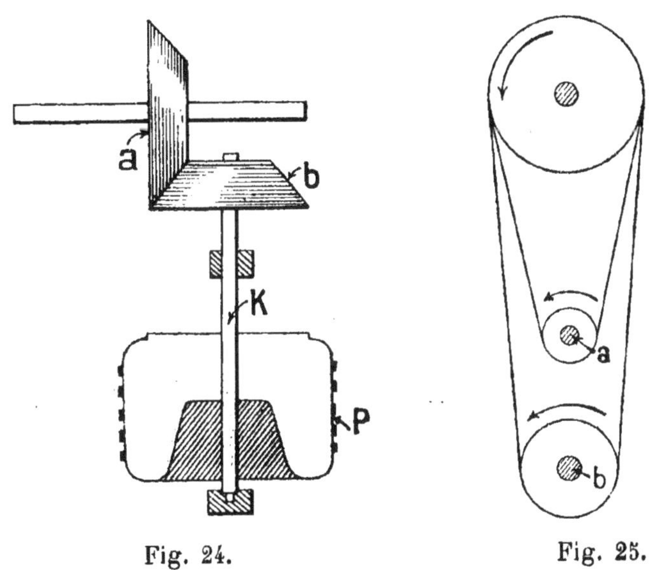

Fig. 24. Fig. 25.

leur est nécessaire et d'éviter les accidents, on a alors recours à l'emploi des cônes de friction. La figure 24 indique ce genre de transmission appliqué à une essoreuse servant au séchage par l'action de la force centrifuge. Le cône métallique *a* calé sur l'arbre moteur, actionne celui *b* en carton comprimé monté sur l'arbre K de l'essoreuse P, en l'entraînant progressivement. On ne peut dans ce cas employer des engrenages côniques, car il y aurait rupture de dents dès la mise en mouvement de l'appareil.

2° Deux arbres *a* et *b* faiblement rapprochés l'un de l'autre devant tourner à une certaine vitesse peuvent être actionnés par poulies et courroies superposées ainsi que l'indique la fig. 25, il est simplement nécessaire que la courroie intérieure soit jonctionnée par collage.

Ce genre de transmission peut s'employer dans certains types de machines électriques pour actionner en même temps la dynamo et son excitatrice.

Un volant de machine à vapeur peut actionner en même temps 2 arbres parallèles *a* et *b* ; il en existe d'ailleurs des applications industrielles.

3° Dans les métiers à filer, une poulie suffisamment large (dite Tambour), sert à actionner à la fois plusieurs broches pour leur communiquer un mouvement de rotation rapide allant quelquefois jusqu'à 12.000 tours. Le

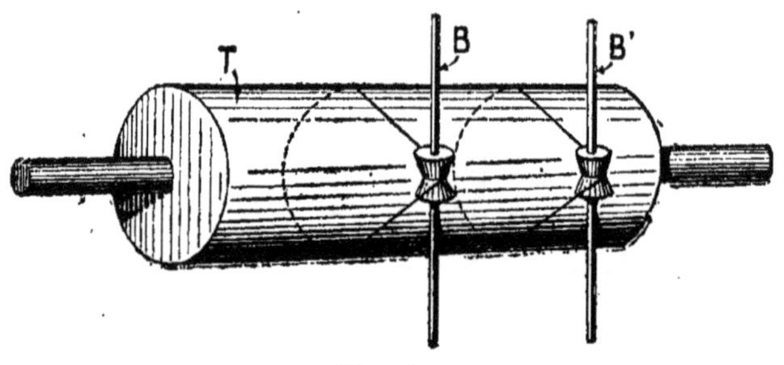

Fig. 26.

tambour T, fig. 26, agit à cet effet par cordes sur les noix des dites broches B.

4° Dans certains métiers à filer ou à retordre, employés

en filature, on actionne quelquefois toutes les broches au moyen d'une même courroie sans fin comme le montre la fig. 27.

Dans cette figure les chiffres 1, 2, 3, 4, 5 indiquent les poulies ou noix des broches, A est la poulie motrice, C la courroie sans fin, et B une poulie de renvoi. Cette

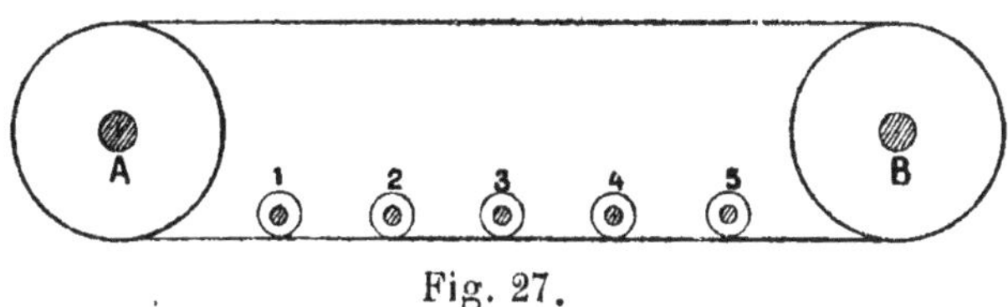

Fig. 27.

disposition n'est pas très pratique, car si la courroie vient à se rompre, pour une raison quelconque, toutes les broches sont aussitôt arrêtées.

VIII. Poulie fixe, poulie folle.

Presque toutes les machines doivent pouvoir être facilement arrêtées pour être remises en mouvement dès qu'on le désire. A cet effet, on les munit de 2 poulies de même diamètre : une poulie fixe B et une poulie pouvant tourner librement autour de son axe (poulie folle) A fig. 28.

On produit le déplacement latéral de la courroie en agissant sur une fourche de débrayage dont les branches parallèles embrassent cette courroie.

IX. Tendeur de courroie.

La tension s'opérant en vertu de l'adhérence qui existe entre la poulie et la courroie, celle-ci doit toujours être assez tendue pour réduire le glissement à son minimum. Si la tension de la courroie est trop faible pour vaincre la résistance, on a recours à l'emploi d'un appareil spécial auquel on donne le nom de tendeur.

La fig. 29 donne le principe d'un appareil de tension. Un galet mobile K dépendant d'un levier articulé en O

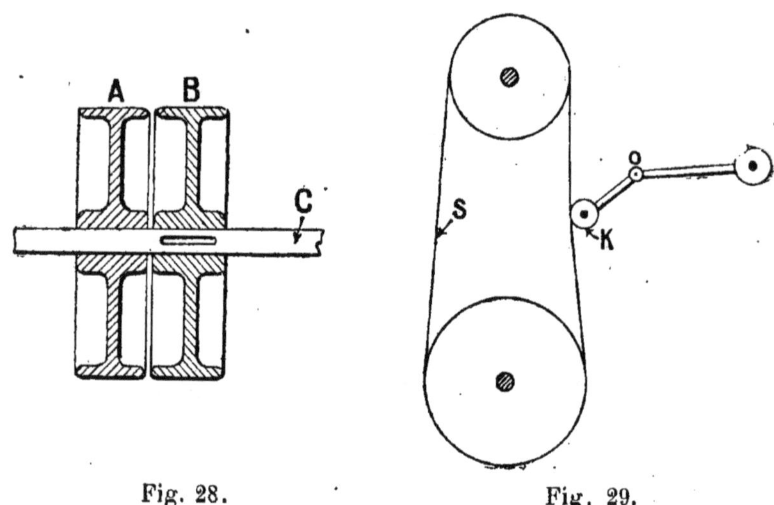

Fig. 28. Fig. 29.

appuie sur la courroie S de la quantité nécessaire et suffisante, réglé par un contre-poids monté sur le levier.

Dans certains métiers à filer dont les broches sont commandées par des rubans continus on munit chaque ruban d'un tendeur de ce genre pour maintenir une vitesse aussi constante que possible des broches.

X. Principes fondamentaux pour le calcul des vitesses.

1er *Principe*. — Le nombre de dents de deux roues qui engrènent ensemble est proportionnel aux circonférences, aux rayons et aux diamètres de ces mêmes circonférences.

Exemple. — Un engrenage a 50 dents et 10 centimètres de diamètre ; un autre qui engrène avec a 10 dents et 2 centimètres de diamètre. D'après le principe ci-dessus, on peut écrire :

$$\frac{50 \text{ dents}}{10 \text{ dents}} = \frac{10 \text{ centimètres}}{2 \text{ centimètres}}$$

et d'une manière générale si l'on représente par N le nombre de dents d'un engrenage de rayon R et par n le nombre de dents d'un autre engrenage de rayon r qui engrène avec le premier, on pourra écrire :

$$\frac{N}{n} = \frac{R}{r} \qquad (a)$$

De cette formule, on peut déduire :

$$N = \frac{nR}{r} \qquad (1)$$

$$n = \frac{Nr}{R} \qquad (2)$$

$$R = \frac{Nr}{n} \qquad (3)$$

$$r = \frac{nR}{N} \qquad (4)$$

2e *Principe.* — La vitesse des roues, poulies ou tambours est en raison inverse de leur nombre de dents ou de leurs diamètres.

Si par exemple, une roue de 10 centimètres de diamètre qui a 100 dents fait 50 tours par minute ; qu'elle en engrène une autre de 2 centimètres de diamètre faisant 250 tours et ayant 20 dents, on écrira :

$$\frac{50 \text{ tours}}{250 \text{ tours}} = \frac{2 \text{ centimètres}}{10 \text{ centimètres}} = \frac{20 \text{ dents}}{100 \text{ dents}}$$

Et en généralisant, si l'on désigne par V, la vitesse c'est-à-dire le nombre de tours par minute d'un arbre qui porte une roue de diamètre D et un nombre de dents N, et par V la vitesse de l'arbre de diamètre d ayant n dents, qui engrène avec, on pourra écrire la formule :

$$\frac{V}{v} = \frac{d}{D} = \frac{n}{N} \qquad (b)$$

de laquelle on déduit :

$$V = \frac{vd}{D} \qquad (5)$$

$$v = \frac{VD}{d} \qquad (6)$$

$$D = \frac{vd}{V} \qquad (7)$$

$$d = \frac{VD}{v} \qquad (8)$$

$$n = \frac{VN}{v} \qquad (9)$$

$$N = \frac{vn}{V} \qquad (10)$$

De ces diverses formules on peut déduire les règles générales suivantes :

1° Pour obtenir le nombre de tours par minute, autrement dit la vitesse d'une poulie commandée dont on connaît le diamètre, on multiple l'un par l'autre le nombre de tours et le diamètre de la poulie de commande et on divise le résultat obtenu par le diamètre de la poulie commandée. C'est ce qu'indique la formule (6).

2° Pour obtenir le diamètre d'une poulie commandée, il faut multiplier l'un par l'autre le nombre de tours et le diamètre de la poulie de commande, puis diviser le résultat obtenu par la vitesse de la roue commandée. C'est ce qu'indique la formule (8).

3° Le nombre de dents d'un engrenage commandé s'obtient en multipliant le nombre de tours et le nombre de dents de l'engrenage de commande l'un par l'autre, et, en divisant le résultat obtenu par le nombre de tours ou la vitesse de l'engrenage commandé. C'est ce qu'indique la formule (9).

Problèmes d'application.

1° Une roue de 240 m/m. de diamètre porte 75 dents. Combien portera une roue de 160 m/m. qui doit engrener avec elle ?

On peut écrire d'après la formule (2)

$$n = \frac{Nr}{R}$$

d'où l'on déduit :

$$n = \frac{75 \times 160}{240} = 50 \text{ dents.}$$

2° Une roue de 500 m/m. de diamètre porte 300 dents. Combien portera une roue de 250 m/m. qui doit engrener avec elle ?

La même formule (2) donne :

$$n = \frac{Nr}{R}$$

d'où : $$n = \frac{300 \times 250}{500} = 150 \text{ dents.}$$

3° Deux roues en contact ont : la première N = 45 dents et le rayon R = 150 m/m. Le nombre de dents n de la seconde est de 60. Quel est le rayon r qui lui correspond ?

En appliquant la formule (4) on aura :

$$r = \frac{nR}{N}$$

d'où : $$r = \frac{60 \times 150}{45} = 200 \text{ m/m.}$$

4° Une poulie de 400 m/m. de diamètre fait 25 tours par minute et doit en commander une autre qui fera 60 tours par minute. Quel sera le diamètre de celle-ci ?

En appliquant la formule (8) on a :

$$d = \frac{VD}{v}$$

d'où : $$d = \frac{25 \times 400}{60} = 166 \text{ m/m.}$$

5° Une poulie de 450 m/m. de diamètre fait 125 tours par minute, elle en commande une autre de 250 m/m. de diamètre. Quel sera le nombre de tours de cette dernière ?

En appliquant la formule (6) on a :

$$v = \frac{VD}{d}$$

d'où : $$v = \frac{450 \times 125}{250} = 225 \text{ tours.}$$

6° Quel diamètre faudra-t-il donner à une poulie devant faire 500 tours par minute, sachant qu'elle est commandée par une poulie de 600 m/m. qui fait 250 tours par minute ?

En appliquant la formule (8) il vient :

$$d = \frac{VD}{v}$$

$$d = \frac{600 \times 250}{500} = 300 \text{ m/m.}$$

XI. Commande par un train d'engrenages.

Problèmes.

1° L'arbre moteur A (fig. 30) fait 24 tours par minute, il commande l'arbre B par une série d'engrenages qui ont $a = 400$ dents, $b = 200$ dents, $c = 300$ dents,

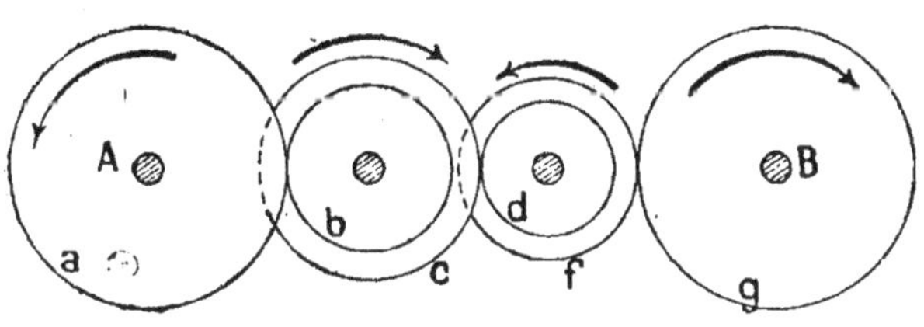

Fig. 30.

$d = 150$ dents, $f = 180$ dents, $g = 400$ dents, ce dernier est monté sur l'arbre B. Quelle est la vitesse de l'arbre B ?

Règle. — Pour avoir la vitesse obtenue par une série d'engrenages allant d'un moteur A jusqu'à un arbre B, il suffit de multiplier le nombre de tours du moteur par le produit des engrenages commandeurs et de diviser le résultat obtenu par le produit des engrenages commandés.

En appliquant cette règle on pourra écrire :

$$\text{Vitesse de l'arbre B} = \frac{24 \times a \times c \times f}{b \times d \times g} \text{ ou}$$

$$B = \frac{24 \times 400 \times 300 \times 180}{200 \times 150 \times 400} = 43 \text{ tours.}$$

Les nombres de dents des engrenages sont quelconques et ont simplement pour but de rendre plus clairs les problèmes d'application.

2° Connaissant le nombre de dents de tous les engrenages servant à transmettre le mouvement de l'arbre moteur A (fig. 30) à celui B, sauf celui calé sur l'arbre B, mais sachant que l'arbre B fait 43 tours. On demande de déterminer le nombre de dents de l'engrenage g calé sur l'arbre B.

Règle. — Le nombre de dents s'obtient en multipliant la vitesse du moteur par le produit des commandeurs et en divisant le résultat obtenu par le produit des commandés connus et du nombre de tours que fait le dernier engrenage commandé.

D'après cette règle, on peut écrire :

Nombre de dents de l'engrenage :

$$g = \frac{24 \times a \times c \times f}{b \times d \times 43 \text{ tours}} \text{ ou}$$

$$g = \frac{24 \times 400 \times 300 \times 180}{200 \times 150 \times 43} = 400 \text{ dents.}$$

XII. Commande par une série de poulies.

Problèmes.

1° Le moteur A fait 150 tours par minute. Par une poulie de 500 m/m. de diamètre il actionne un renvoi, lequel fait tourner une poulie de 350 m/m. calée sur l'arbre B. Quelle est la vitesse de cet arbre B, sachant que les poulies de renvoi, comme le montre la fig. 31, ont des diamètres de 200 et 400 m/m. ?

Règle. — On multiplie la vitesse du moteur par le produit des diamètres des poulies qui commandent et on divise le résultat par le produit des diamètres des poulies commandées.

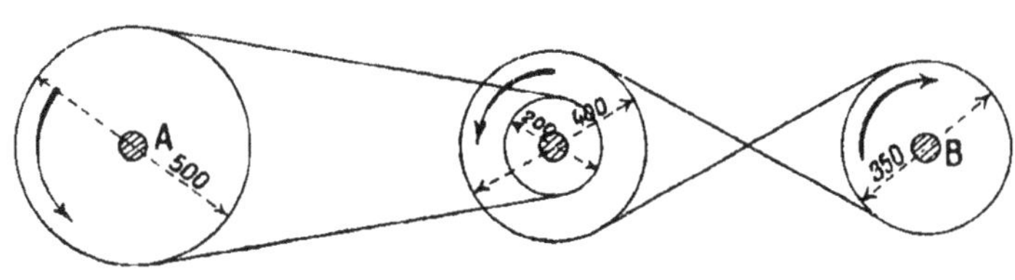

Fig. 31.

En appliquant cette règle ont peut écrire :

Vitesse de l'arbre

$$= \frac{\text{Vitesse du moteur} \times \text{Produit des commandeurs}}{\text{Produit des commandés}} =$$

$$= \frac{150 \times 500 \times 400}{200 \times 350} = 428 \text{ tours.}$$

Problème. — Quel diamètre faudrait-il donner à une poulie B que l'on veut faire tourner à la vitesse de 428 tours, sachant que le moteur A qui commande a une vitesse de 150 tours. Les poulies de commande ayant 500 m/m., 200 m/m. et 400 m/m. (fig. 31).

Règle. — On multiplie la vitesse du moteur par le produit des commandeurs et on divise le résultat obtenu par le produit formé des commandés connus et du nombre de tours que fait la dernière poulie commandée.

On peut donc écrire :

$$\text{Diamètre de la poulie B} = \frac{150 \times 500 \times 400}{200 \times 428} = 350 \text{ m/m.}$$

XIII. Commande par pignon et vis sans fin.

Problèmes.

1° L'arbre moteur M fait 100 tours par minute, par l'intermédiaire de la vis sans fin A à un filet il actionne l'engrenage B de 100 dents calé sur l'arbre C. On demande de calculer la vitesse de l'arbre C, fig. 32.

D'après ce qui a été dit au § V chaque tour de la vis A fait tourner l'engrenage B de 1 dent, par suite puisque l'engrenage B porte 100 dents il faudra que la vis A fasse 100 tours pour que la roue B en fasse un seul.

La vitesse de l'arbre C est donc égale à :

$$\frac{\text{Vitesse arbre moteur} \times \text{nombre de filets de la vis}}{\text{Nombre de dents du pignon B}} =$$

$$= \frac{100 \text{ tours} \times 1 \text{ filet}}{100 \text{ dents}} = 1 \text{ tour.}$$

Règle. — On multiplie donc la vitesse de l'arbre moteur par le nombre de filets de la vis de commande et on divise le résultat obtenu par le nombre de dents de l'engrenage commandé.

2° L'arbre moteur fait 100 tours, la vis A calée sur cet arbre est à 2 filets, elle actionne le pignon B de 100 dents. Quelle est la vitesse de l'arbre C fig. 32.

Ce sera : $$V = \frac{100 \times 2}{100} = 2 \text{ tours.}$$

3° L'arbre moteur M fait 100 tours, il porte une vis A à un filet qui actionne le pignon B = 100 dents. Sur l'arbre C de l'engrenage B se trouve calé une vis sans

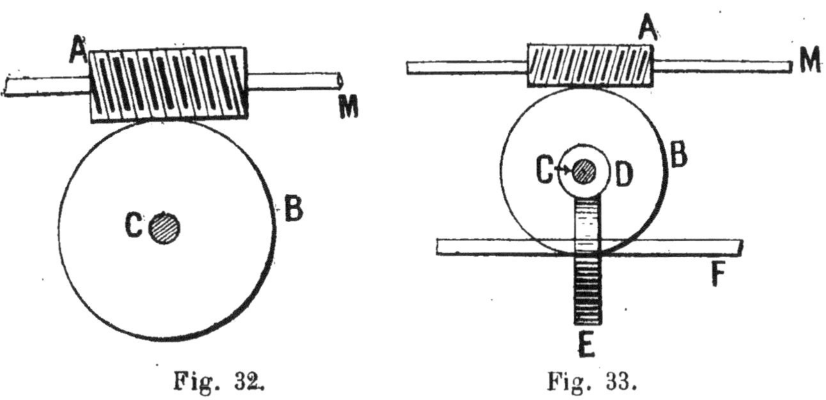

Fig. 32. Fig. 33.

fin D à 2 filets qui actionne le pignon E = 100 dents calé sur l'arbre F. On demande quelle est la vitesse de l'arbr F. fig. 33.

Ce sera :

$$V = \frac{\text{Vitesse de M} \times \text{nombre de filets de A} \times \text{nombre de filets de D}}{\text{Nombre de dents de B} \times \text{nombre de dents de E}}$$

ou $$V = \frac{100 \times 1 \times 2}{100 \times 100} = 0 \text{ tour } 02.$$

Règle. — On multiplie donc la vitesse de l'arbre moteur par le produit des organes commandeurs et on divise le résultat obtenu par le produit des organes commandés.

XIV. Calcul des vitesses d'un système de commande quelconque.

Règle. — On multiplie la vitesse du moteur par le produit des commandeurs poulies, engrenages ou vis sans fin et on divise le résultat obtenu par le produ des commandés poulies, engrenages ou vis sans fin (Po les poulies, on prend le diamètre, pour les engrenage le nombre de dents, pour les vis le nombre de filets).

1er *Problème.* — L'arbre moteur faisant 150 tours p

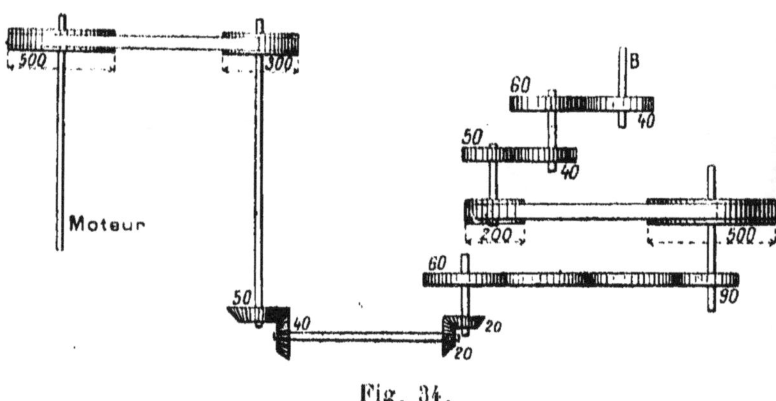

Fig. 34.

minute, trouver, d'après la commande indiquée fig. 3 la vitesse de l'arbre B.

D'après la règle ci-dessus on a :
Vitesse de l'arbre B

$$= \frac{150 \times 500 \times 50 \times 20 \times 60 \times 500 \times 50 \times 60}{300 \times 40 \times 20 \times 90 \times 200 \times 40 \times 40} = 2.930 \text{ tours}$$

2e *Problème.* — L'arbre moteur A faisant 150 tour à la minute on demande de calculer la vitesse de l'ar bre B (fig. 35) sachant que :

l'engrenage	1 a	60 dents	l'engrenage	12 a	40 dents
	2	40 —	—	13	60 —
	3	50 —	la vis	14 est à	1 filet
	4	60 —	l'engrenage	15 a	50 dents
	5	30 —	—	16	40 —
	6	30 —	—	17	60 —
	7	40 —	—	18	3) —

l'engrenage 8	30 dents	la vis	19	est à 2 filets	
9	40 —	l'engrenage	20	50 dents	
10	30 —	la poulie	21	30 centim.	de diamètre
11	30 —	—	22	60	—

En appliquant la règle ci-dessus on aura :

Vitesse de l'arbre B =

$$= \frac{150 \times 60 \times 30 \times 40 \times 40 \times 40 \times 1 \times 40 \times 2 \times 30}{60 \times 30 \times 30 \times 30 \times 60 \times 50 \times 30 \times 50 \times 60} = 0^{t},09$$

XV. Calcul pratique des vitesses.

En pratique pour le calcul des vitesses on déduit 4 pour cent sur les résultats obtenus, car les courroies sont sujettes à un continuel glissement.

Exemple. — Une poulie de 0,80 de diamètre fait 110 tours par minute, elle en commande une de 0,20 de

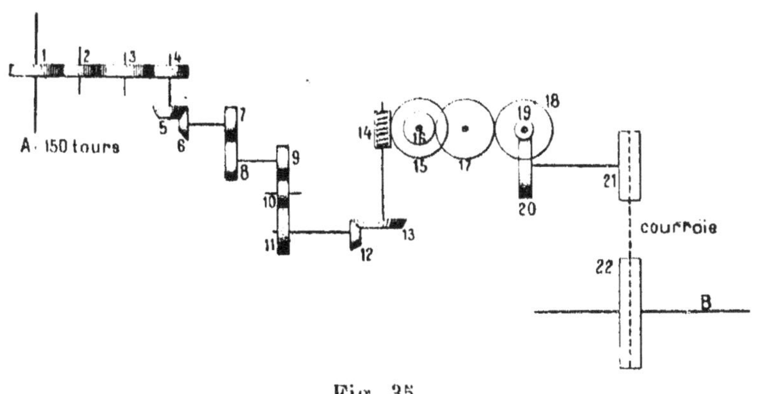

Fig. 35.

diamètre. Quel est la vitesse pratique de cette poulie commandée ?

La vitesse théorique est : $\frac{110 \times 80}{20} = 440$ tours

La vitesse pratique serait : $\frac{110 \times 80 \times 0,96}{20} = 422$ tours 5

XVI. Poulies et courroies.

La transmission par poulies et courroies est de tous les modes actuels de communication de mouvement celui qui est préférable à tous les points de vue, il a l'avantage sur tous les autres de donner une marche douce et sans bruit, en n'employant que des pièces simples, légères par rapport à la puissance à transmettre et d'un prix de revient moins élevé que les autres organes qui pourraient la remplacer. L'entraînement se fait sans choc, par conséquent sans aucun danger de rupture, même lors de l'entraînement accidentel d'un corps étranger entre la courroie et la poulie.

La courroie fonctionne même comme organe de sûreté ; elle glisse et tombe lorsque l'effort à vaincre dépasse celui maximum que son frottement lui permet de surmonter.

1° *Poulies.* — Les poulies doivent toujours tourner *parfaitement rond*, être *alésées très régulièrement*, être *bien centrées et équilibrées*. Ces conditions sont indispensables pour la bonne marche des courroies. Les poulies doivent toujours être un peu bombées ; ceci a l'avantage de mieux tenir les courroies en place et de moins les fatiguer ; de plus elles doivent toujours être un peu plus larges que les courroies. Néanmoins, s'il s'agit de poulies larges ou tambours que l'on emploie principalement comme poulies de commande pour les courroies s'appliquant à poulie fixe et à poulie folle, la largeur du tambour est égale à 2 fois la largeur de la courroie ; le limbe ou surface extérieur de la jante est droit au lieu d'être bombé.

Les poulies employées dans l'industrie peuvent se classer en :

1° Poulies en fonte en une seule pièce et en deux pièces ;

2° Poulies en fer ;

3° Poulies en bois.

1° Les poulies en fonte sont lourdes ; elles ont l'inconvénient de fatiguer la transmission, c'est-à-dire d'occasionner l'usure rapide des coussinets de paliers, la force absorbée par les arbres moteurs est élevée, ceux-ci devant entraîner une charge relativement considérable provenant du poids des poulies.

Les poulies en une seule pièce ont le très grand inconvénient, chaque fois qu'il est nécessaire d'enlever une poulie ou d'en monter une nouvelle, d'obliger à démon-

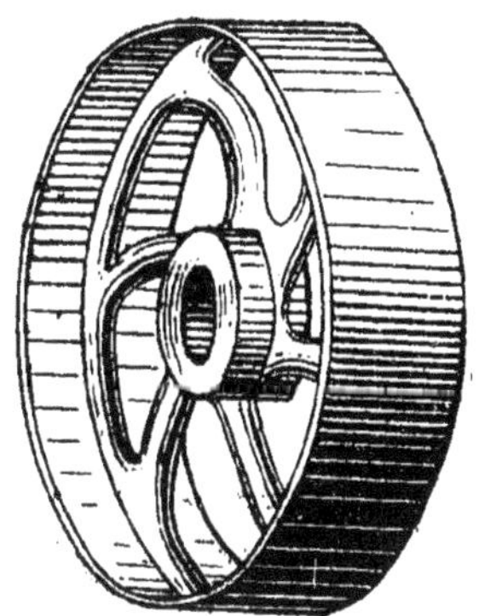

Fig. 36.

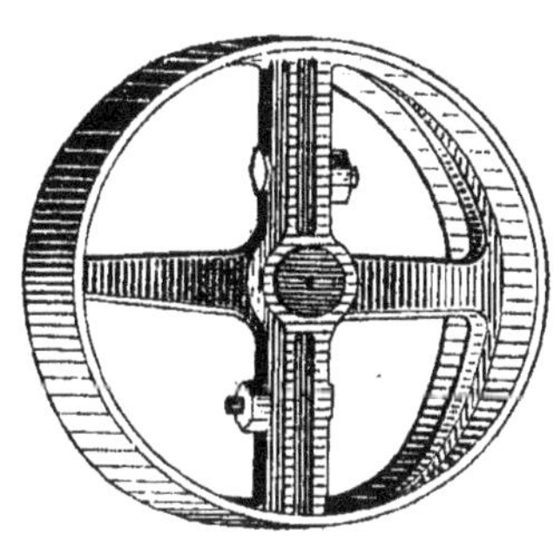

Fig. 37.

ter l'arbre ainsi que toutes les poulies ou engrenages qui se trouvent situés à droite ou à gauche de celles-ci.

Par l'emploi des poulies en 2 pièces cet inconvénient se trouve complètement évité ; il en est de même pour les engrenages. La disposition en 2 pièces (fig. 37), s'impose d'ailleurs lorsque ces organes atteignent de grandes proportions.

Une poulie tournant à une grande vitesse est un organe excessivement dangereux, si elle n'est pas bien équilibrée et de plus elle imprime à la courroie une marche défectueuse. En pratique, on réalise approximativement l'équilibrage des poulies en fonte en tournant l limbe intérieurement.

2° Les poulies en fer sont plus légères (fig. 38) et pa suite chargent moins les arbres que les poulies en fonte le frottement de la courroie sur la tôle étant plus élev que sur la fonte tournée, leur emploi permet quelquefoi de diminuer un peu la largeur des courroies ; mais ce poulies ne présentent pas pour les grandes vitesses e surtout pour les transmissions soumises à des chocs o à des irrégularités de marche, la même sécurité que le poulies en fonte, l'assemblage des bras et du moye n'ayant pas la même homogénéité, quel que soit le sys tème employé. Elles ont simplement l'avantage de pou voir être ajustées sans clavettes, rien que par le serrag des boulons du moyeu ; leur montage peut se faire asse rapidement et en un endroit quelconque, sans déplace aucun organe, à l'encontre des poulies en fonte.

Poulie à joue. — Les poulies en fonte ainsi que celle en fer peuvent être munies d'une ou deux joues afin d

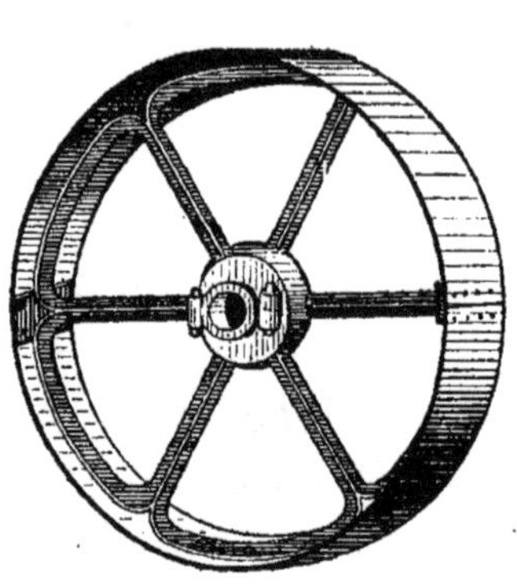

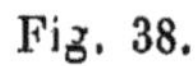

Fig. 38.

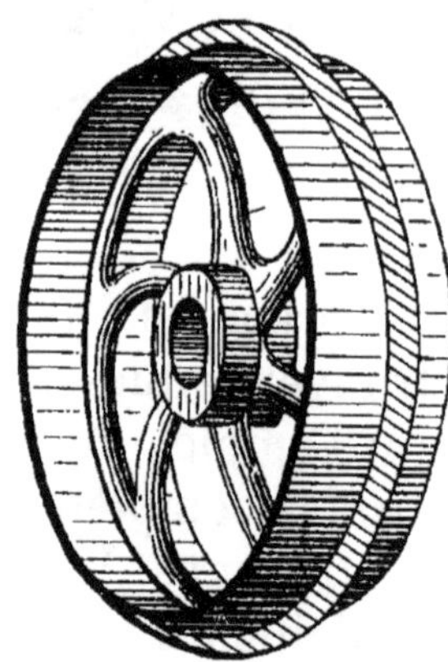

Fig. 39.

prévenir les accidents auxquels pourrait donner lieu la chute d'une courroie, par exemple lorsque celle-ci se trouve à côté d'un engrenage ou lorsqu'un débrayage es soumis à des mouvements très brusques qui peuvent provoquer de forts glissements. Lorsque l'on est conduit à appliquer un tendeur qui quelquefois fait l'office d'un véritable débrayage, les poulies doivent être munies de joues; dans tous les autres cas, les poulies à rebords (fig. 39) ne doivent pas s'employer et sont plutôt dangereuses qu'utiles.

3° *Poulies en bois.* — Par suite des divers inconvénients que présentent les poulies en fonte et celles en fer, on a souvent tenté d'y substituer des poulies en bois (fig. 40) mais presque toujours cette tentative a échoué devant la difficulté de créer une poulie en bois offrant les garanties nécessaires, tout en faisant disparaître les

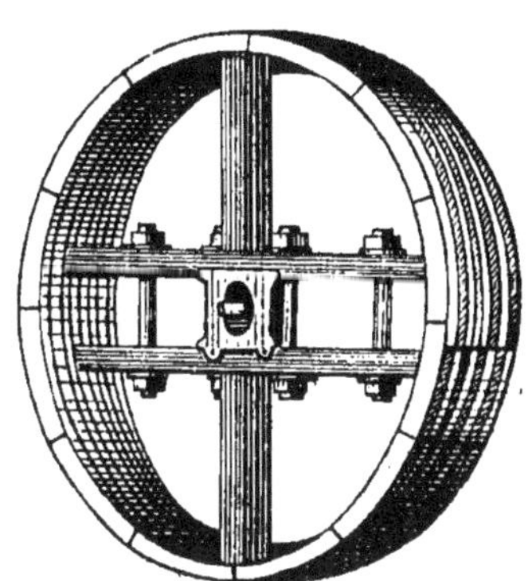

Fig. 40.

défauts que l'on reproche aux poulies métalliques. Cette double condition semble aujourd'hui réalisée par certains constructeurs qui fabriquent des poulies en bois en 2 pièces démontables. D'une manière générale on peut dire que ces poulies présentent les avantages suivants :

Elles sont 70 0/0 plus légères que les poulies en fonte, 40 0/0 plus légères que les poulies en fer ou en acier et transmettent plus de force que les poulies métalliques avec la même tension de courroie.

Elles sont d'une solidité à toute épreuve et peuvent supporter des charges considérables.

On peut les faire marcher, sans danger, deux fois plus vite que les poulies en fonte.

Elles se comportent également bien à l'air sec et dans un atmosphère imprégné d'humidité.

Elles présentent une surface adhérente qui permet de diminuer la tension des courroies d'où résulte une sérieuse économie de force motrice.

Les tableaux suivant donnent les résultats des essais comparatifs faits avec des poulies en bois et des poulies en fonte :

CIRCONFÉRENCE en contact avec la courroie	ADHÉRENCE RELATIVE	
	sur poulies en bois	sur poulies en fonte
	d'après Haswell	
0.20	1.90	1.40
0.30	2.40	1.70
0.40	3.30	2 »
0.50	4.40	2.40
0.60	5.90	2.90
0.70	7.90	3.40
	d'après Morin	
0.20	1.80	1.42
0.30	2.43	1.69
0.40	3.26	2.02
0.50	4.38	2.41
0.60	5.88	2.87
0.70	7.90	3.43

2° *Courroies de transmission.* — Les courroies de transmission que l'on emploie dans l'industrie peuvent se classer de la manière suivante :

1° Courroies en cuir.

2° Courroies formées par des plis de toile collés les uns aux autres au moyen de caoutchouc ou de gutta-percha.

3° Courroies en coton.

4° Courroies en crin ou en poils de chameau.

Examinons les avantages et les inconvénients des principales d'entre elles et indiquons leurs meilleurs modes de jonction à notre avis.

1° *Les courroies en cuir.* — La première condition, pour avoir de bonnes courroies, est d'avoir du bon cuir, *bien tanné*, *bien corroyé*, d'épaisseur *bien uniforme*. Le cuir doit être *souple*, *ferme* et *homogène*, le grain doit être le plus régulier possible. Dans un cuir bien tanné, la surface de la section doit être *homogène luisante*, le *nerf serré* ; la texture, semblable à celle d'une noix muscade, ne doit pas présenter de bandes foncées. Au contraire, si le cuir a été incomplètement tanné, ou s'il a été surpris par la matière tannante, la coupe est terne, avec une raie noire au milieu ou sur les bords, le nerf est spongieux. Bouilli avec de l'eau, un cuir bien tanné ne gonfle pas ; il reste opaque et n'est pas gluant ; s'il a été incomplètement tanné, il gonfle beaucoup, devient transparent et gluant ; les parties tannées sont seules opaques, couleur café. Un cuir est d'autant meilleur qu'il est plus imperméable.

En ce qui concerne la résistance à la traction, la qualité d'un cuir est en raison directe de l'allongement pour une force donnée. L'allongement doit être sensiblement régulier jusqu'à la rupture, il est irrégulier si le cuir est de mauvaise qualité.

Quand on reçoit une courroie il convient donc de vérifier point par point si ces conditions sont remplies, puis examiner si toutes les jonctions sont faites avec soin, si la courroie a été convenablement tirée, si elle est bien droite et on pourra terminer par le petit essai suivant :

On prendra sur la courroie une bande de cuir d'environ 6 centimètres sur 24 que l'on tordra fortement. Si le cuir est de bonne qualité, il ne doit pas présenter de gerçures.

La valeur du cuir et la qualité de la courroie étant reconnues, si on désire monter une courroie, on commence par la couper à la longueur convenable (longueur que nous calculons plus loin), ensuite on réunit les 2 extrémités, A cet effet, on les taille en biseau et on les

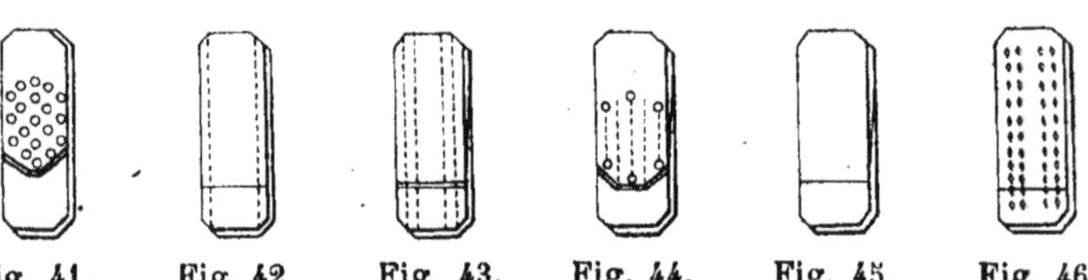

Fig. 41. Fig. 42. Fig. 43. Fig. 44. Fig. 45. Fig. 46.

jonctionne par l'un des moyens suivants, représentés fig. 41 à 46.

1° La couture (moyen très employé).

2° Le collage avec couture (on emploie à cet effet une colle spéciale dite « colle hongroise ».

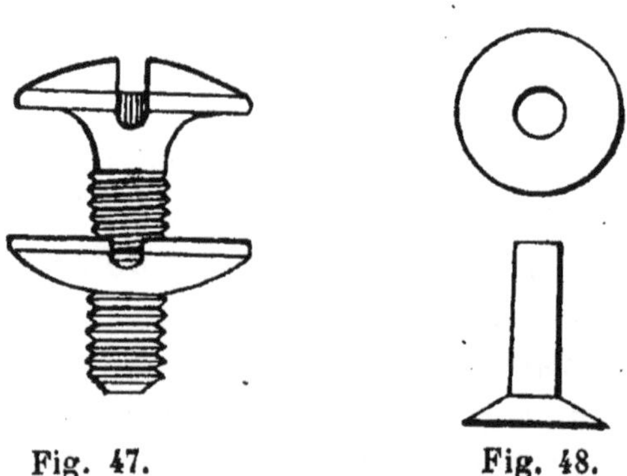

Fig. 47. Fig. 48.

3° Le vissage à l'aide de vis représenté fig. 47.

4° Le rivage à l'aide d'un rivet représenté fig. 48.

Toutes les courroies en cuir, même les mieux fabriquées, s'allongent plus ou moins à l'usage ; il faut donc pouvoir les raccourcir à un moment donné ; aussi ne peut-on employer le système de jonction par collage et couture que quand l'allongement a atteint son maximum.

Pour jonctionner les courroies on peut encore comme l'indique la fig. 49, faire recouvrir les extrémités et les

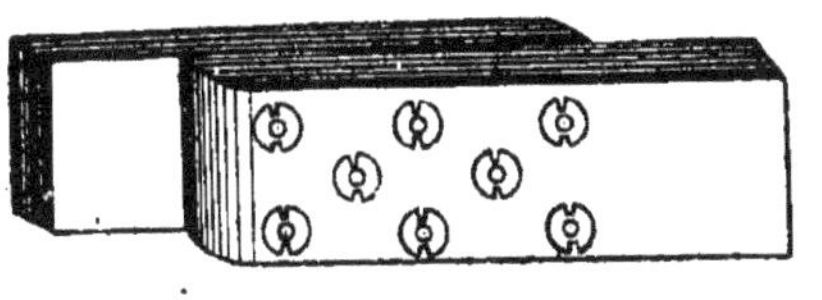

Fig. 49.

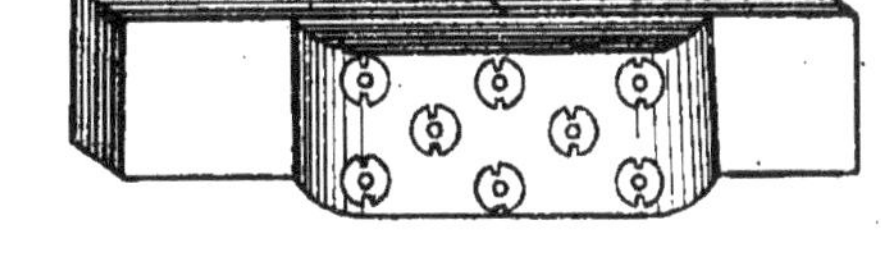

Fig. 50.

visser l'une sur l'autre ou les coudre comme le représente la fig. 51.

Ces dispositions laissent beaucoup à désirer car chaque fois que ces jonctions passent sur les poulies, elles donnent un choc. La fig. 50 dans laquelle les 2 extrémités de la courroie sont réunies bout à bout au moyen d'une plaque de recouvrement et de vis, est également

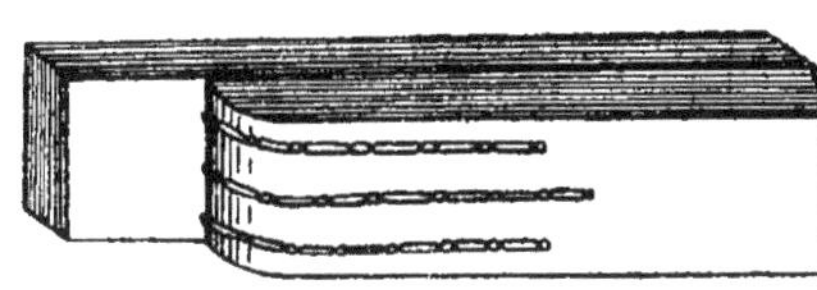

Fig. 51.

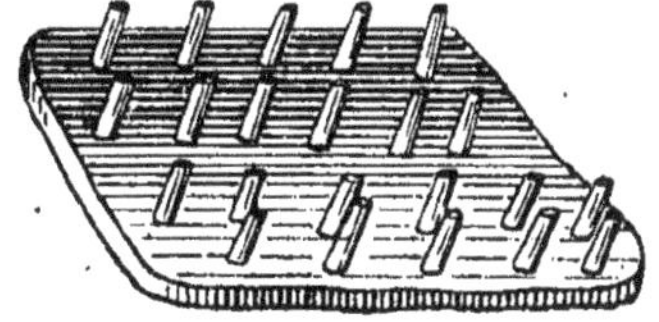

Fig. 52.

défectueuse et on ne doit employer ce dispositif que quand on ne peut faire autrement.

Les modes de jonction à attaches mobiles les plus recommandables sont ceux faits au moyen des agrafes système *Harris*, système *Blot* ou système *Lagrelle*.

L'agrafe Harris permet de jonctionner les courroies bout à bout. Elle se compose d'une plaque métallique, en fonte malléable, un peu courbée sur laquelle se trouvent 4 rangées de dents disposées comme le montre la fig. 52. Pour la poser, on met d'abord une extrémité de la courroie sur 2 rangées de dents, puis on frappe sur la courroie au moyen d'un marteau comme l'indique la fig. 53. Il faut avoir soin de ne pas frapper sur

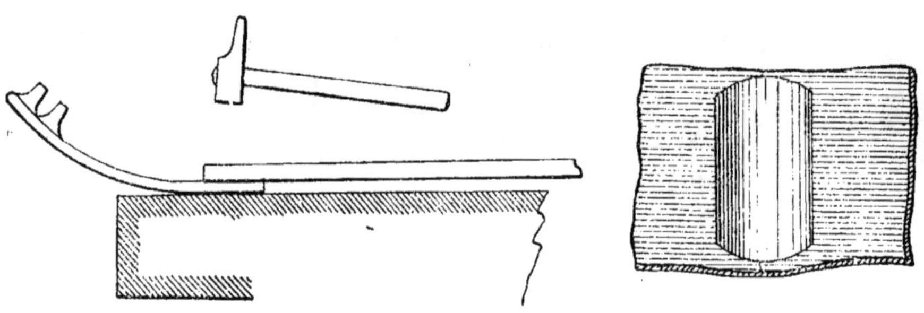

Fig. 53. Fig. 54.

les 2 rangées de dents à la fois pour que la courbure de l'agrafe ne soit pas altérée, car c'est cette courbe qui donne aux dents l'angle nécessaire pour qu'elles ne puissent lâcher en travaillant. La fig. 54 représente l'agrafe une fois posée.

Attache Blot. — Pour assembler 2 courroies au moyen de l'attache Blot, on applique les 2 extrémités

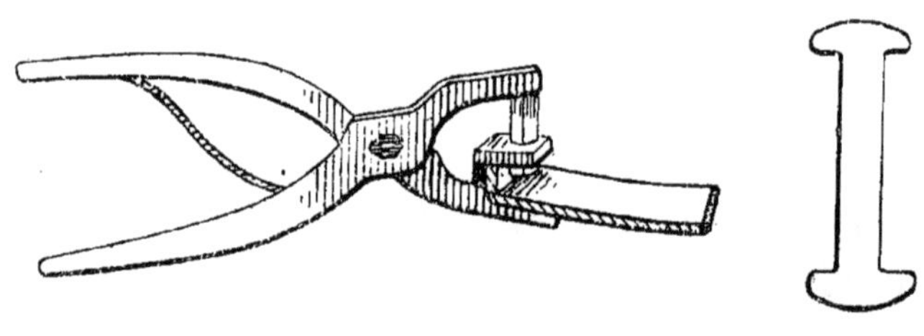

Fig. 55. Fig. 56.

l'une sur l'autre et on perce des trous près de l'extrémité au moyen d'un emporte-pièce spécial (fig. 55). Après quoi on introduit dans ces trous des pièces en forme de doubleté (fig. 56) et la jonction est faite suivant la forme indiquée fig. 57.

Attache Lagrelle. — La jonction au moyen des atta-

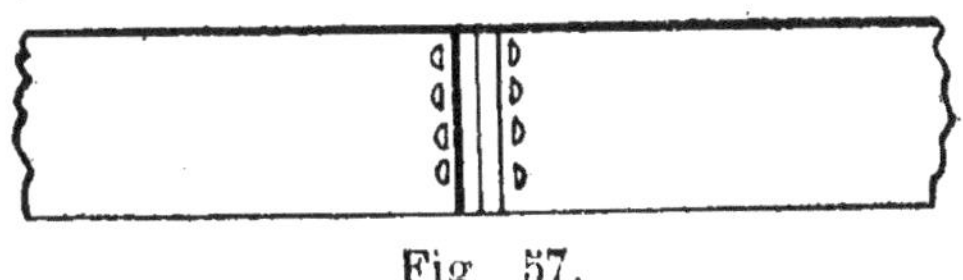

Fig. 57.

ches Lagrelle se fait de la manière suivante : Les deux extrémités de la courroie (fig. 60) étant rapprochées bord

Fig. 58.

à bord, on les relève un peu, on les entaille à l'emporte-pièce, puis on passe dans les entailles correspondantes

Fig. 59.

des pièces plates en cuivre (fig. 59) présentant des ouvertures dans lesquelles on enfile de chaque côté une clavette en acier (fig. 58).

Quel que soit le système de fermeture de courroie que l'on emploie, il est nécessaire que les courroies soient

Fig. 60.

bien tendues pour que le glissement soit réduit à son minimum, mais il ne faut pas exagérer la tension.

Pour tendre les courroies avant de les attacher, on a recours à des appareils appelés Tendeurs et dont la fig. 61 est un spécimen.

3° *Entretien des courroies en cuir.* — Les courroies en cuir doivent être examinées fréquemment et bien entretenues. On doit les graisser tous les mois pour les empêcher de se dessécher ; pour cela, on peut employer *l'huile minérale* qui est très recommandable, de même

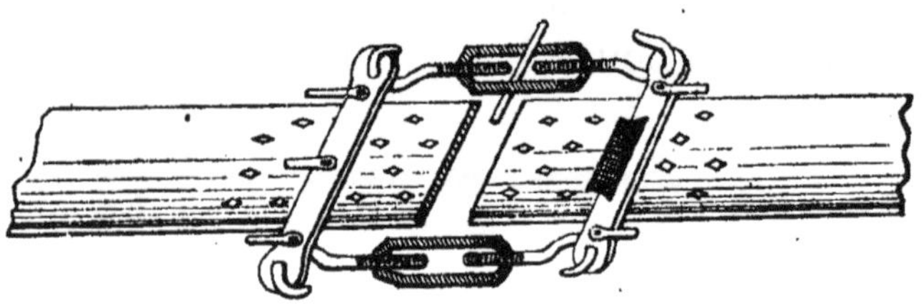

Fig. 61.

que *l'huile de ricin,* mais en aucune façon on ne doit exagérer le graissage. Les enduits à base de caoutchouc sont également bons.

On recommande aussi le moyen suivant pour prolonger la durée des courroies : les laver de temps à autre avec de l'eau chaude, les brosser consciencieusement puis les graisser au suif chaud et ne les remonter que quand elles sont bien sèches.

Le goudron et la résine dont on se sert quelquefois doivent être complètement évités, car ils dessèchent le cuir et le mettent rapidement hors d'usage. La résine ne produit d'ailleurs qu'un effet momentané. Quand une courroie glisse il faut enduire de suif la face de la courroie qui travaille sur la poulie ou de préférence de la graisse de bœuf, cela augmente le glissement tout d'abord, mais le cuir gonfle ensuite, se raccourcit et le tirage augmente.

Vitesse des courroies.

La vitesse normale des courroies doit être de 22 à 25 mètres à la seconde, il ne faut pas descendre en dessous de 12 mètres autant que possible. Il faut éviter de faire travailler les courroies d'une façon continue car elles s'usent beaucoup plus rapidement.

4° *Courroies en caoutchouc.* — Les courroies en caoutchouc, quelquefois employées, sont obtenues au moyen d'une toile spéciale que l'on enduit de caoutchouc ou de gutta-percha. Cette toile repliée plusieurs fois sur elle-même d'une façon particulière, permet de composer des courroies de largeur et d'épaisseur variables. Ces courroies sont excellentes quand elles sont enduites véritablement de caoutchouc et quand le tissu d'âme est fait en bonne matière.

Elles ont alors l'avantage d'être *très souples* et de ne pas *serpenter* sur les poulies comme le font les courroies en cuir. On peut les employer dans les ateliers où la température ambiante est sujette à des variations.

Ces courroies se font quelquefois sans fin. Celles non fermées se jonctionnent comme les courroies en cuir, soit à l'aide de lanières, soit au moyen de barettes Lagrelle ou des agrafes Blot.

On peut citer la courroie « Balata » comme une des meilleures de cette catégorie, son mode de fabrication permet en effet de l'employer dans une foule de circonstances, comme par exemple à l'humidité, à la vapeur, et même dans l'eau. Elle ne s'effiloche pas sur les bords, même quand elle est croisée, à condition qu'elle ne débraye pas continuellement.

5° *Courroies en coton.* — Ces courroies sont généralement formées d'un tissu de coton dont les faces ont été goudronnées. Elles ne peuvent fonctionner en frottant contre une fourche de débrayage sans se défilocher et se détériorer rapidement. On ne peut pas non plus les croiser. Les applications de cette courroie sont donc restreintes. Elles possèdent comme les courroies en caoutchouc ou en gutta, l'avantage de ne pas serpenter sur les poulies et de pouvoir travailler dans un endroit relativement humide où elles donnent alors d'excellents résultats.

6° *Courroies en crin ou en poils de chameau.* — Construites comme les précédentes, ces courroies, où l'on a remplacé le coton par du crin ou des poils de chameau, présentent les mêmes inconvénients, mais elles ont l'avantage de ne pas s'altérer sous l'influence de l'humidité, de la chaleur, de l'huile et de la plupart des acides. Leurs applications industrielles sont assez restreintes.

XVII. Détermination de la puissance d'une machine.

Pour déterminer la puissance d'une machine, on emploie un frein Type Prony ou un frein à bande de cuir ou enfin un frein à corde.

1° *Frein de Frony.* — Ce frein (fig. 62) se compose de deux machoires A et B que l'on serre à volonté sur une poulie P au moyen d'écrous à oreilles. L'une des machoires est prolongée par un levier L à l'extrémité duquel on suspend un plateau K destiné à recevoir des poids. Pour empêcher le frein de tourner, on butte le levier L contre une traverse T.

Lorsqu'on désire faire un essai de ce genre, il suffit de monter une poulie P sur l'arbre moteur en la fixant solidement au moyen de vis ou de clavettes. On place ensuite le frein comme ci-dessus et on met enfin en mouvement la machine que l'on veut essayer. Il est indispensable de graisser continuellement les surfaces en contact avec de l'eau de savon ou mieux avec de l'huile, si l'essai ne doit pas trop se prolonger. On obtient ainsi un frottement uniforme et il est plus facile de conserver une vitesse constante sous une charge constante.

Pendant l'essai, pour que le frottement reste constant,

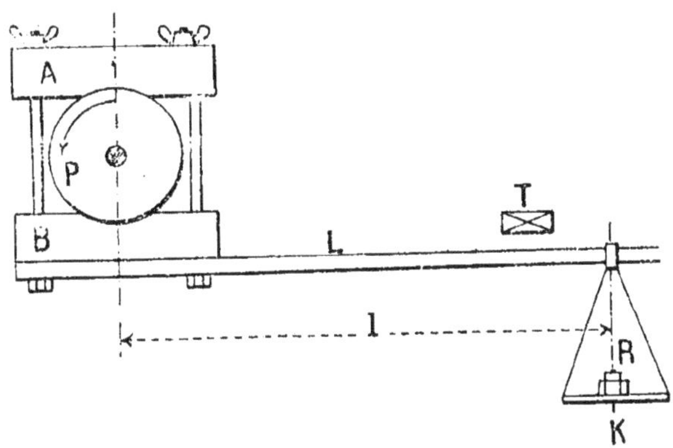

Fig. 62.

il est souvent nécessaire de modifier le serrage des machoires A et B sur la poulie. A cet effet, on agit sur les écrous à oreille.

L'expérience doit durer de 8 à 10 minutes.

Si l'on désigne par R le poids en kilogrammes porté par le plateau y compris le poids propre du frein réduit à la longueur l — t le nombre de tours de la machine par minute et l la longueur du bras de levier à considérer, le travail N en chevaux-vapeur par minute sera donné par la formule :

$$N = \frac{2\pi \times R \times l \times t}{60 \times 75}$$

$$N = 0{,}001395\ Rlt.$$

Le poids propre du levier se détermine très simplement par la disposition indiquée fig. 63. A cet effet, on desserre les deux mâchoires A et B de dessus la poulie et au moyen d'un peson D placé à la distance l, on l directement sa valeur.

2° *Frein à bande de cuir.* — Le frein de Prony e assez difficile à bien manœuvrer et les résultats qu'

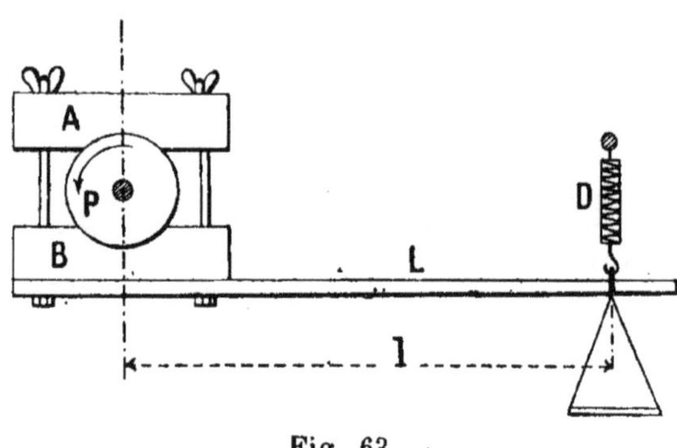

Fig. 63.

donne ne sont pas toujours suffisamment précis. On peu le remplacer avantageusement par un frein plus com mode, formé d'une bande de cuir imprégnée d'huile posée simplement sur un certain arc de la poulie P comme l'indique la figure 64.

Un peson ou dynamomètre D attaché à la lanière per

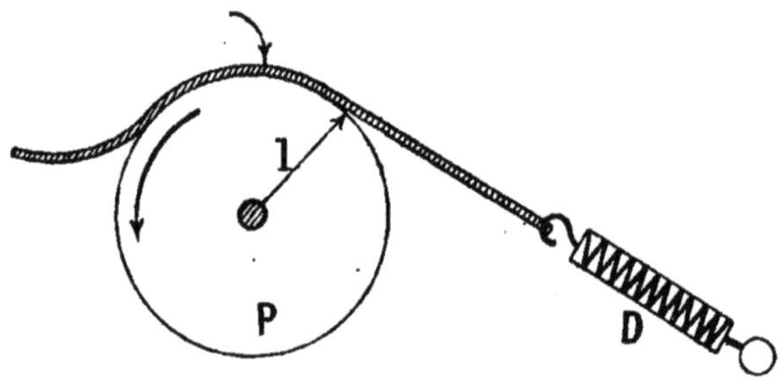

Fig. 64.

met d'enregistrer l'effort tangentiel. En augmentant o diminuant l'arc d'enroulement, on modifie le frottement

Comme dans l'emploi du frein de Prony, on a soin de graisser la jante de la poulie pour obtenir un glissement uniforme.

La formule du travail en chevaux-vapeur est encore $N = 0{,}001395\ Rlt$, dans laquelle : R se lit sur la graduation du peson.

l est le rayon de la poulie, augmenté de la 1/2 épaisseur du cuir.

t le nombre de tours par minute.

Exemple numérique. — En supposant que R = 10 k. ; $l = 0{,}25$ et $t = 300$ tours, on aura :

$$N = 0{,}001395 \times 10 \times 0{,}25 \times 300 = 1 \text{ ch. } 04.$$

3° *Frein à corde.* — Ce frein remplit le même but que le précédent ; il se compose (fig. 65) d'une poulie à gorge P sur laquelle on enveloppe plus ou moins une corde C

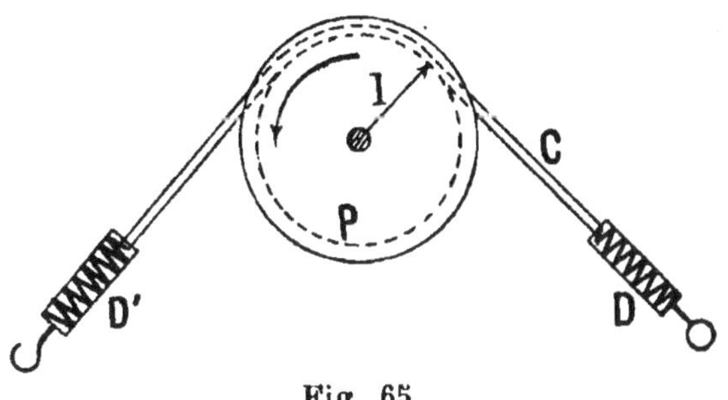

Fig. 65.

dont les extrémités sont munies de dynamomètres D et D'.

La poulie tournant dans le sens qu'indique la flèche (fig. 65).

Si l'on désigne par R le nombre de kilogrammes indiqués par le dynamomètre D et par R ceux qu'indique D'. l étant le rayon de la poulie plus celui de la corde et t le nombre de tours par minute, le nombre de chevaux-vapeur sera indiqué par la formule :

$$N = 0{,}001395 \times l \times t \times (R - R').$$

Exemple numérique. — En supposant comme dans l'exemple précédent :

$$R = 11 \text{ k.}, R' = 1 \text{ k.}, l = 0 \text{ m. } 25, t = 300 \text{ tours},$$

on aura :

$$N = 0{,}001395 \times 0{,}25 \times 300 \times (11 - 1) = 1 \text{ ch. } 04.$$

XVIII. Essai de la force absorbée par une machine quelconque de filature ou de tissage.

On peut procéder de la manière suivante :

Après avoir retiré la courroie, on enroule sur la machine que l'on veut essayer plusieurs tours d'une corde C (fig. 66) l'une des extrémités de cette corde étant fixée

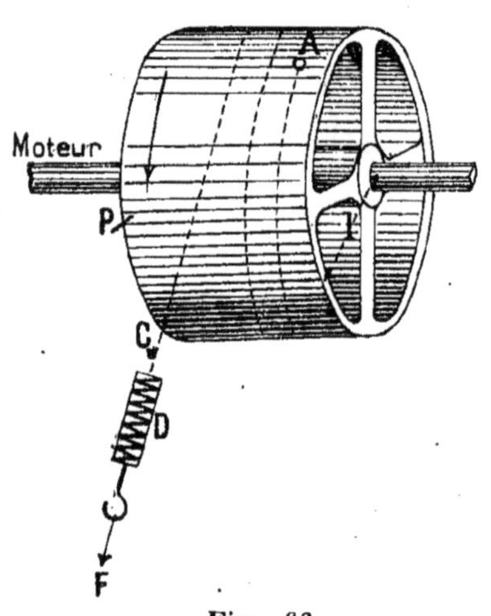

Fig. 66.

en un point A de la poulie et l'autre portant un dynamomètre D, il suffit de tirer sur le dynamomètre dans le sens du mouvement de la poulie, c'est-à-dire dans le sens indiqué par la flèche, en s'aidant, s'il est nécessaire, d'un petit palan ou d'un treuil. Cette traction étant faite très lentement et très régulièrement, donnera l'effort tangentiel.

Etant donné cet effort R exprimé en kilogr., le rayon l de la poulie de la machine et le nombre de tours t à la minute. Le travail en chevaux-vapeur s'exprimera comme précédemment par la formule :

$$N = 0{,}001395 \, R \times l \times t.$$

Exemple numérique. — Si l'on fait $R = 10$ k., $l = 0$ m. 25 et $t = 300$ tours, on aura :
$N = 0{,}001395 \times 10 \times 0{,}25 \times 300 = 1$ cheval 04.

XIX. Détermination de la longueur d'une courroie.

Pratiquement on trouve la longueur d'une courroie en enveloppant les deux poulies avec une ficelle de la même manière que le ferait la courroie et en mesurant

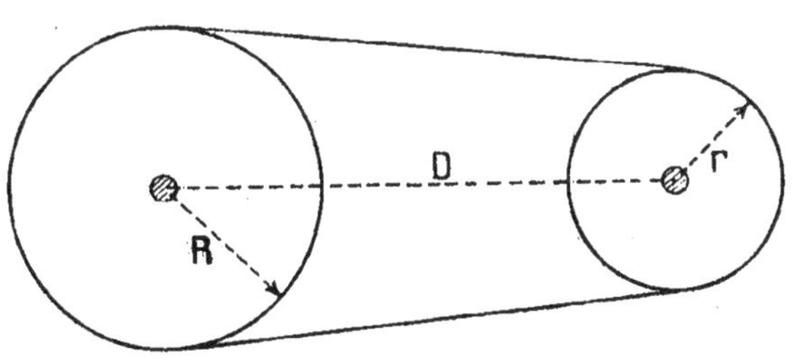

Fig. 67.

ensuite sa longueur. Cette longueur se détermine encore approximativement à l'aide de la formule suivante :

$$L = \pi \, (R + r) + 2D.$$

dans laquelle L est la longueur à déterminer, R et r l[es] rayons respectifs des deux poulies et D la distance d[es] centres (fig. 67).

Si dans cette formule nous faisons :

$$R = 0{,}30,\ r = 0{,}20,\ D = 500.$$

on aura :

$$L = 3{,}1416\,(0{,}30 + 0{,}20) + 2 \times 5 = 3{,}1416 + 0{,}50 + 1[0]$$

ou enfin : $L = 11$ m. 57.

XX. Détermination de la largeur des courroie[s] en cuir.

Il est assez difficile de déterminer la largeur que doi[-]vent avoir les courroies et la force qu'elles peuvent trans[-]mettre et ce n'est que par une longue pratique qu'o[n] peut y parvenir.

L'épaisseur ordinaire d'une courroie est de 5 m/m. On admet en pratique qu'une courroie peut transmettr[e] la force de un cheval-vapeur lorsqu'elle a une longueur une largeur et une vitesse telle qu'elle développe dan[s] une seconde une surface de 1500 centimètres carrés.

D'après cette donnée, on détermine la largeur d'un[e] courroie au moyen de la formule suivante :

(1) Largeur =

$$\frac{1.500 \times \text{force en chevaux-vapeur à transmettre}}{\text{Vitesse de lacourroie en centimètres par seconde.}}$$

La vitesse en centimètres par seconde de la courroi[e] a pour valeur théorique : $\pi \times$ diamètre D de la pouli[e] $\times$ nombre de tours N de cette poulie en une seconde.

La valeur pratique est les $\frac{96}{100}$, de celle théorique, c'est-à-dire, qu'elle devient :

$$\frac{\pi \times D \times N \times 96}{100}$$

Par suite la formule (1) simplifiée peut s'écrire :

$$(2)\ \text{Largeur} = \frac{150.000 \times \text{force en chevaux}}{301{,}60 \times D \times N}$$

Si maintenant nous substituons dans la formule (2) à la valeur N des tours à la seconde, celle N′ des tours de la poulie à la minute, on obtiendra définitivement :

(3) Largeur =

$$\frac{150.000 \times \text{K ch.} \times 60}{301{,}60 \times N' \times D} = \frac{29.800 \times \text{force en chevaux à transmettre}}{D \times N'}$$

ce qui peut s'énoncer de la manière suivante :

Règle. — La largeur d'une courroie s'obtient en multipliant le nombre constant 29.800 par la force en chevaux-vapeur qu'elle doit transmettre et en divisant le résultat obtenu par le nombre que l'on obtient en multipliant le diamètre de la poulie par le nombre de tours à la minute qu'elle doit faire.

De la formule (3) on peut déduire le diamètre de la poulie à mettre en se donnant la largeur de la courroie. On tire en effet :

(4) Diamètre D de la poulie =

$$\frac{29.800 \times \text{force en chevaux à transmettre}}{\text{Largeur de la courroie} \times \text{nombre de tours de la poulie.}}$$

ce qui peut s'énoncer comme suit :

Le diamètre de la poulie s'obtient en multipliant le nombre constant 29.800 par la force en chevaux à transmettre et en divisant le résultat obtenu par le produit de la largeur de la courroie et du nombre de tours à la minute que doit faire la poulie.

Applications numériques. — I. Une courroie doit actionner une machine nécessitant une force de 2 chevaux-vapeur, la poulie de la machine sur laquelle attaque la courroie a 30 cm. de diamètre et doit faire 120 tours par minute. Quelle doit être la largeur de la dite courroie ?

En appliquant la règle précédente, on trouve :

$$\text{Largeur} = \frac{29.800 \times 2 \text{ chevaux}}{30 \times 120} = 16 \text{ centimètres } 5.$$

II. *Autre exemple.* — Force à transmettre = 3 chevaux.
Diamètre de poulie = 50 cent.
Nombre de tours = 150.

Dans ce cas,

$$\text{Largeur de la courroie} = \frac{29.800 \times 3}{50 \times 150} = 12 \text{ centimètres.}$$

III. On veut se servir d'une courroie de 10 centimètres de largeur pour actionner une machine qui nécessite 1 cheval-vapeur et fait 80 tours par minute. Quel diamètre devra-t-on donner à la poulie ?

En appliquant la formule (4) on trouve immédiatement :

$$\text{Diamètre de la poulie} = \frac{29.800 \times 1}{10 \times 80} = 39 \text{ centimètres } 5.$$

Remarque. — En calculant la largeur d'une courroie comme l'indique notre formule (3), 1° Le glissement de la courroie sur la poulie est réduit à son minimum.

2° La courroie ne s'allonge pas notablement.

3° Elle résiste très bien à l'effort de traction à transmettre.

XXI. Graissage des transmissions et des machines de filature.

La force absorbée dans les machines par la mise en mouvement des différents organes qui la composent peut varier de 15 à 20 0/0 par suite des frottements plus ou moins considérables que les agents lubrifiants doivent atténuer.

Il est donc très important, au point de vue de l'économie du combustible comme au point de vue de la durée des machines, que l'on possède des renseignements précis sur les divers corps employés pour le graissage des mécanismes. Il est en même temps utile que l'on connaisse les conditions que doivent remplir ces corps gras pour être convenables.

Le graissage peut se faire : 1° Au moyen de la graisse consistante que l'on place, à cet effet, dans des graisseurs spéciaux ; 2° au moyen d'huile.

1° *La graisse consistante* s'employait beaucoup autrefois, il fallait donc que l'arbre ou l'organe à graisser s'échauffât pour faire fondre la graisse. Or, dès que le point de fusion de la graisse était atteint tout fondait immédiatement ; le graissage se faisait donc dans de très mauvaises conditions. En un mot le principe était mauvais ; aussi aujourd'hui, à part quelques cas spéciaux, rencontre-t-on peu d'applications de ce genre de graissage. Les dynamos électriques, par exemple, en sont souvent munies.

2° Les *huiles de graissage* généralement employées

sont, soit des *huiles animales*, soit des *huiles végétales*, soit enfin des *huiles minérales*.

Les premières sont de très bons lubrifiants mais coûtent fort cher, ce qui fait qu'on les emploie peu pour le graissage des machines. On utilise donc soit les huiles végétales soit les huiles minérales. Beaucoup d'industriels préfèrent les huiles végétales, croyant qu'ils obtiennent ainsi des produits plus réguliers, parfaitement lubrifiants et privés de tout corps étranger capable d'altérer les métaux. Or dans bien des cas, ces huiles sont impures et par suite du traitement qu'on leur fait subir, elles attaquent le bronze.

Les huiles minérales que l'on emploie surtout maintenant ont de leur côté une odeur particulière, mais non incommodante pour les ouvriers. Quand elles sont bien épurées elles sont excellentes, mais imparfaitement épurées et raffinées, elles peuvent contenir des combinaisons sulfureuses qui attaquent les métaux.

Le docteur Vahl a proposé, pour reconnaître la présence du soufre, le procédé suivant qui est excellent : Mettre l'huile en contact avec un petit morceau de potassium pendant quelques heures à une chaleur modérée ; ensuite ajouter de l'eau puis verser dans le liquide une solution de nitro-prussiate de sodium, s'il y a du soufre, il se produit une couleur pourpre foncée.

Certaines huiles attaquent les métaux, ainsi l'huile de suif attaque beaucoup le fer et le cuivre. L'huile de graine de coton attaque beaucoup le bronze. L'huile d'olive l'attaque très peu. Les huiles minérales n'attaquent pas le cuivre.

Pour graisser les tourillons des machines lourdes, on mélange l'huile de colza ou de spermacéti avec l'huile minérale, car elles ont peu d'action sur le bronze et la fonte. L'huile de suif ayant beaucoup d'action sur le fer on doit autant que possible en éviter l'usage.

Une bonne huile à graisser doit remplir les conditions suivantes :

1° La fluidité de l'huile doit être suffisante pour qu'elle puisse pénétrer facilement entre les surfaces frottantes et pour qu'elle puisse être entraînée par capillarité.

2° L'huile ne doit pas être siccative, c'est-à-dire qu'elle doit présenter de la résistance à l'épaississement sous l'action de l'air et de la chaleur et de plus, elle ne doit pas devenir gommeuse au bout d'un temps d'arrêt prolongé.

3° Ne pas être acide, c'est-à-dire ne pas contenir d'acide en proportion notable, et ne pas le devenir en présence de l'air ; la proportion d'acide libre dans les huiles ordinaires varie de 5 à 15 0/0.

4° Etre exempte d'odeur trop forte ou désagréable.

Les huiles minérales ont une densité qui varie de 0,860 à 0,930, les meilleures doivent présenter les caractères suivants :

Poids spécifique environ 0,900.

Température d'inflammation 230° centigrades.

— d'ébullition 300° —

Degré de viscosité à la température de 40 à 50°, 2 à 3.

Etre d'aspect clairs et être fluides.

Enfin, il convient d'ajouter qu'un graissage fait dans de bonnes conditions :

1° Ne doit laisser arriver l'huile sur l'organe à graisser que proportionnellement à sa vitesse.

2° Ne doit pas laisser perdre d'huile quand l'arbre ou l'organe est en repos.

3° Ne doit donner que la quantité d'huile strictement suffisante pour éviter tout échauffement.

Nota. — On graisse beaucoup depuis quelque temps les machines de filature d'une façon convenable et surtout économique à l'aide de produits spéciaux tels que la *moélline*, *l'oléisonine*, etc.

L'oléisonine par exemple composée d'huile *industrielle*, de *son*, d'*éther* et d'*ocre jaune* forme un produit qui s'emploie à l'aide de graisseurs spéciaux. Le son sert à retenir l'huile qu'il boit à la façon d'une éponge, l'éther a pour but de diminuer l'échauffement de l'objet à graisser et l'ocre jaune sert à colorer le produit.

La *moélline* et les autres produits similaires comprennent dans leur composition des moëlles d'arbustes ou de plantes et forment également d'excellents produits de graissage très appréciés pour les broches de filature.

XXII. Essai rapides des huiles à graisser.

1° *Pouvoir lubrifiant.* — Le principe mis en jeu est celui sur lequel reposent presque tous les appareils similaires pour déterminer la qualité lubrifiante des huiles. Seulement la simplicité de l'appareil présenté consiste dans ce que la moindre usine peut l'installer sans beaucoup de frais et l'installera, vu l'intérêt qu'on trouvera à vérifier la qualité d'une matière qui est d'une consommation de tous les instants. Non seulement il peut en résulter une économie sur la quantité, mais on pourra aussi éviter la détérioration du matériel, en ayant le moyen de reconnaître si le lubrifiant employé est corrosif. Toute dépense évitée, si petite soit-elle est appréciable ; souvent les bénéfices ne sont composés que par la somme des petites économies.

Voici comment on peut s'installer pour déterminer d'abord le pouvoir lubrifiant « relatif » d'une huile. Sur un arbre de transmission de l'usine, on monte une poulie P en fonte, ayant une gorge plate à rebords (fig. 68). Son diamètre est D. On la recouvre d'une bande métallique en cuivre ou en laiton à cause de sa flexibilité. A chacune des extrémités, on fixe un poids A et A + B. Ce dernier entraîne A et, lorsqu'il repose à terre, l'enroulement a lieu sur la demi-circonférence. Si on examine la figure, on remarquera un ressort S, placé de façon à limiter le poids A + B dans le cas d'un soulèvement de bas en haut. Enfin de l'autre côté, on voit le tasseau *t*, qui soulèvera une petite brosse circulaire *r* trempant dans un récipient d'huile *q*, lorsqu'il tendra à descendre. Cette brosse venant toucher la poulie P, la graissera en temps opportun. La durée d'une expérience pourra être marquée soit par un compteur de tours, soit par une montre à déclic, mise en marche automatiquement avec l'arbre sur lequel est fixée la poulie. En supposant la poulie non graissée et le tout dans la position qui est indiquée sur la figure, si on met en marche dans le sens indiqué par la flèche, grâce au frottement, le poids A + B est soulevé de terre d'une certaine quantité qu'on peut limiter plus ou moins en tendant le ressort S en conséquence. Avec le poids A qui descendra comme contre-partie, le tasseau *t* fera lever la brosse *r* qui graissera la poulie P. Ce graissage aura pour effet de faire glisser le tout en arrière, A + B retombera, le tasseau *t* n'influencera plus le balai circulaire et le tout ne se remettra à fonctionner que lorsque le lubrifiant recommencera à manquer et ainsi de suite. Le ressort S a pour but de limiter l'entraînement du poids A + B et réduire au minimum la course du tasseau *t*. On conçoit de suite que, suivant le diamètre de la poulie et la vitesse de l'arbre, on doit calculer ou simplement cher-

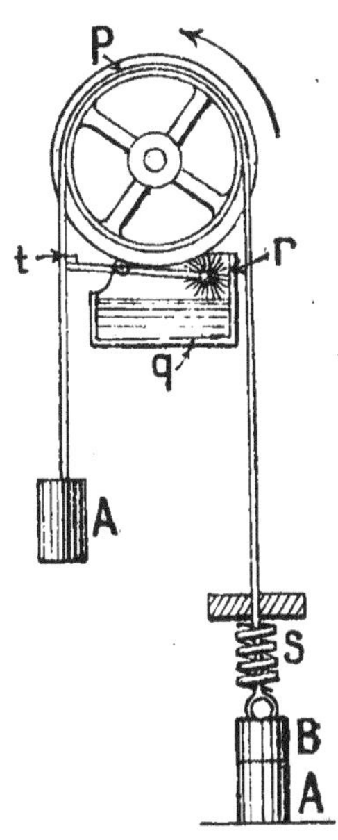

Fig. 68.

cher par expérience la valeur du poids A et celle du supplément B. Si ce n'était la complication qui éloignerait de la simplicité annoncée *à priori*, il faudrait, pour chaque essai, étudier en se mettant dans les mêmes conditions que dans chaque cas particulier d'application. Or, dans la pratique, les données que l'on obtiendra de ces essais comparatifs seront suffisantes.

Lorsqu'on aura opéré ainsi pendant un certain nombre d'heures ou pendant un certain nombre de jours, on pèsera la quantité d'huile restante et aura un point de départ qui pourra servir de terme de comparaison avec la quantité d'une autre huile consommée dans des conditions identiques.

Il reste, il est vrai, de l'huile après la poulie, après le balai, qu'on peut introduire, au début, imbibé et retirer de même ; mais si l'on a soin de faire durer, ainsi qu'il est nécessaire, chaque expérience plusieurs jours, on voit de suite que l'on peut réduire les erreurs à peu de chose, surtout si, par des pesées spéciales, on cherche à en tenir compte pour une certaine quantité. La surveillance de l'opération, n'étant plus de tous les instants, est parfaitement pratique.

2° *Détermination de l'acidité.* — Comme complément à ce qui précède, il convient de savoir si l'huile employée est neutre ou acide, et nous allons à ce sujet résumer quelques renseignements qui sont très simples.

1° Pour reconnaître si une huile est *acide* on peut employer aussi bien l'un ou l'autre des procédés suivants :

On prend un tube à essais ordinaire (fig. 69) sur lequel on marque deux divisions 1, 2, correspondant à deux volumes égaux. On verse un premier volume d'huile et un deuxième volume d'alcool à 90° dans lequel on a mis quelques gouttes de teinture de curcuma. On agite quelques instants le tout de façon à obtenir un mélange intime. L'huile est acide si la couleur rouge devient jaune vif ; elle est neutre si aucun changement ne survient.

Au lieu du second volume d'alcool, on le remplace par une solution de carbonate de soude à saturation. On agite. Si l'huile est acide, il se forme du savon sirupeux, sinon la séparation des deux liquides se produit en les laissant reposer. Mais ces deux analyses qualitatives ne peuvent donner aucune indication de quantité à première vue.

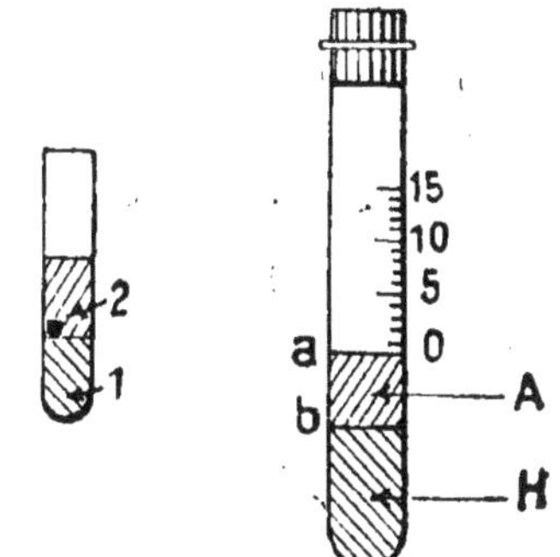

Fig. 69. Fig. 70.

Pour atteindre ce résultat, versons dans la première expérience ci-dessus de l'hydrate de soude avec précaution, nous neutraliserons encore l'acide et la teinture rouge réapparaîtra.

On voit qu'on peut, en évaluant la quantité d'hydrate de soude versée, apprécier le degré d'acidité.

On prend une solution de 1 gr. 40 d'hydrate de soude pur dans un mélange en parties égales d'eau et d'alcool, le tout formant 100 centimètres cubes. Puis on choisit un tube de 0,018 de diamètre et 0,25 de longueur, bien calibré. Ce tube se gradue ainsi que l'indique la figure 70 : H est limité à 10 grammes d'huile, A volume égal d'alcool à 90°.

En dessus de *ao*, on trace 15 divisions dont chacune est le 1/10 de *ab*. Quand on possède un pareil tube, on procède comme suit à l'essai : on remplit de l'huile à essayer le volume H et le volume A d'alcool. On ajoute trois gouttes de teinture de curcuma. Ayant bouché avec un bouchon en caoutchouc, on agite. Suivant que la couleur est bien rouge ou jaune, on juge si l'huile est ou non acide.

Si elle est jaune, on neutralise l'acide par la solution d'hydrate de soude préparée comme il a été indiqué plus haut et on verse jusqu'à ce qu'on ait ramené la couleur au rouge caractéristique. Chaque division du tube donne 1/100 d'acidité.

Ces quelques essais exécutés soigneusement et à plusieurs reprises permettront donc de déterminer nettement pour chaque huile le pouvoir lubrifiant. Nous connaîtrons également le degré d'acidité par les autres expériences dont nous avons parlé. Ces essais sont absolument indispensables si l'on veut assurer le graissage des machines dans de bonnes conditions et sans crainte de détériorer quelques organes.

XXIII. Graissage des engrenages.

Les engrenages *métalliques* se graissent généralement à l'aide de suif fondu et quelquefois à l'aide de graisse consistante.

Les *engrenages dont les dents* sont en bois se graissent avec du suif fondu mélangé de plombagine.

XXIV. Chaudières ou Générateurs.

Généralités.

1° Divers types de générateurs.

1° Les *chaudières cylindriques simples* s'emploient pour installations peu importantes ; elles supportent les eaux très incrustantes.

2° Les *chaudières cylindriques à un ou à deux bouilleurs réchauffeurs*, genre Farcot, supportent également les eaux incrustantes.

3° Les *chaudières à deux bouilleurs* ne donnent que des résultats médiocres comme vaporisation et facilité d'entretien.

4° Les *chaudières à foyer et carneau intérieur* ne permettent guère de dépasser 4 kgs de pression et sont délicates. La chaudière Galloway est à double foyer intérieur et donne de bons résultats.

5° Les *chaudières tubulaires et semi-tubulaires* permettent une mise en pression rapide et donnent un bon rendement ; on les emploie de plus en plus dans l'industrie.

6° Les *chaudières multitubulaires* telles que celles de Naeyer, Babcock, Roser, etc., occupent un emplacement restreint et permettent un emploi avantageux des hautes pressions.

Les chaudières sont *timbrées* le plus souvent entre 5 et 10 kgs.

2° Renseignements divers au sujet des chaudières.

L'eau d'alimentation varie de 15 à 30 litres par heure et par cheval ; dans les bonnes machines elle descend au-dessous de 10 litres.

La *surface de chauffe* des chaudières doit être comptée dans les proportions suivantes : 1 mq. de surface de chauffe produit 15, 20 ou 30 kgs de vapeur par heure, suivant que le feu est mené tranquillement, vivement, ou d'une manière excessive. Comme point de comparaison, on atteint dans les locomotives et chaudières à tirage forcé, de 40 à 50 kgs de vapeur à l'heure.

1 *kg. de houille* vaporise, suivant l'état de la chaudière et sa nature, de 5 à 9 kgs d'eau à l'heure.

En moyenne, la combustion par *mètre carré de surface de grille* est de 60 à 85 kgs de charbon.

Le tableau suivant donne une relation approchée de la consommation de vapeur de la machine et de la surface de chauffe de la chaudière.

	MACHINE		
	à détente perfectionnée, Corliss, Sulzer, etc.	à détente ordinaire	à pleine pression
Poids de vapeur nécessaire par heure et par cheval-vapeur effectif	11 kgs.	18 kgs.	30 kgs.
Surface de chauffe par cheval-vapeur effectif .	0 mq. 80	1 mq. 80	3 mq. 20

Afin de recueillir une partie de la chaleur des gaz perdus, entraînés à la cheminée, on les fait passer dans un appareil *réchauffeur* ou *économiseur*, genre Green qui procure une économie sérieuse de combustible.

De plus, depuis quelques années, on tend de plus en plus à utiliser la *vapeur surchauffée* pour actionner les moteurs; il en résulte une économie de 6 à 15 0/0 de combustible.

3° Prix moyen des chaudières (1).

A BOUILLEURS — Surface de chauffe	Timbrées à 8 kgs.	Timbrées à 10/12 kgs.
70 mq.	9.500 fr.	10.500 fr.
85 mq.	11.300 fr.	12.500 fr.
SEMI-TUBULAIRES — Surface de chauffe	**Timbrées à 8 kg.**	**Timbrées à 10/12 kgs.**
100 mq.	8.500 fr.	9.500 fr.
125 »	9.700 »	10.700 »
150 »	10.800 »	11.800 »
200 »	»	16.200 »
250 »	»	19.500 »

4° Divers genres de combustibles employés. Ce que l'on entend par pouvoir calorifique et calorie.

Combustibles.

On divise les combustibles en trois classes :

- 1° Combustibles solides . . .
  - naturels
    - anthracite, houilles.
    - lignites.
    - tourbe.
    - bois, sciure, paille, etc.
  - artificiels
    - agglomérés de houille.
    - charbon de bois, de tourbe.
- 2° Combustibles liquides. . .
  - goudron de houille.
  - huiles minérales lourdes (naphte naturel).
- 3° Combustibles gazeux . . .
  - hydrocarbures naturels (gaz d'éclairage).
  - produits des hauts-fourneaux, des gazogènes.

(1) Extrait de l'*Aide-mémoire de la filature du coton*, par Haeffelé et Dupont, librairie Cuny à St-Dié.

Le pouvoir calorifique d'un combustible se dit de la quantité de chaleur exprimée en calories que peut développer 1 kg. de combustible en brûlant complètement à l'air.

Le pouvoir vaporisateur d'un combustible est la quantité d'eau que peut vaporiser 1 kilog de combustible en brûlant à l'air libre sur les grilles d'une chaudière.

En supposant que pour se vaporiser 1 kilog d'eau absorbe 650 calories, le kilog de houille, dont le pouvoir calorifique moyen est de 7.500 calories, vaporise

$$\frac{7.500}{650} = 11 \text{ k. } 53 \text{ d'eau.}$$

En réalité, 1 kilog de houille ne vaporise que de 6 k. 5 à 9 kilog. d'eau, suivant les générateurs et l'habileté des chauffeurs.

Pouvoir calorifique de quelques corps (1).

Désignation des substances	Pouvoir calorifique en calories	
1° *Solides.*		
Houille grasse et anthracite.	8.500 à 9.500	au kg.
Houille moyenne.	7.500	—
Coke.	6.800 à 7.000	—
Charbon de bois.	8.080	—
Oxyde de carbone	2.400	—
Hydrogène.	34.500	—
Bois sec	4.000	—
Bois à 20 0/0 d'eau. . . .	2.800 à 3.000	—

(1) *Calorie.* L'unité de chaleur ou calorie est la quantité de chaleur nécessaire pour élever la température d'un kilog. d'eau de 1° C.

Tourbe de bonne qualité . .	3.600 à 4.800	au kg.
Huile lourde de pétrole . .	12.000	—

2° *Liquides.*

Pétrole.	11.000	—
Alcool	7.200	—

3° *Gazeux.*

Acétylène.	9.700	au m^3
Gaz Otto	6.000	—
Gaz de ville ordinaire . . .	5.300	—
— de gazogène	1.200 à 1.600	—
— de hauts fourneaux . .	900 à 1.000	—

Le *travail en kilogrammètres* que produit la combustion d'un kilog. de combustible est obtenu en multipliant son pouvoir calorique par 425, nombre représentant l'équivalent mécanique de la chaleur. Ainsi le travail produit par la combustion d'un kilogr. d'anthracite sera : $8{,}500 \times 425 = 36.125$ kilogrammètres.

Le *volume d'air* nécessaire pour la combustion complète de 1 kilog. de houille est théoriquement de 8 mètres cubes : en pratique, il faut compter sur une valeur à peu près double.

Le poids du mètre cube de houille varie de 880 à 790 kilog. suivant les provenances.

Les houilles constituent le meilleur combustible de l'industrie et le plus universellement employé.

Commercialement, les houilles se distinguent d'après la grosseur des échantillons :

Tout-venant, telle qu'elle sort de la mine.

Gaillette, morceau de la grosseur du poing.

Poussier, charbon très menu.

XXV. Machines à vapeur.

Généralités.

La puissance des moteurs à vapeur s'exprime le plus souvent en chevaux-vapeur ; le cheval-vapeur est égal à 75 kilogrammètres.

Les machines à vapeur marchent *sans condensation*, ou *à condensation* ; elles sont dans ce dernier cas à 1 ou à 2 cylindres, ou genre Compound. Les machines à condensation sont d'un meilleur rendement que les premières ; de fortes machines de ce genre ne consomment que 8 à 9 kgs. de vapeur par heure, soit environ de 0 k. 800 à 1 kg. de charbon par heure et par cheval effectif.

L'eau à injecter au condenseur par mélange est d'environ 250 litres à 350 litres par cheval et par heure.

Les moteurs à vapeur tournent généralement à une vitesse comprise entre 50 et 120 tours à la minute, pour les commandes de filatures et tissage.

Prix moyen des machines à vapeur
(d'après Haeffelé et Dupont).

Force effective en chevaux	A détente 1 cylindre	Deux détentes Compound	Trois détentes (triplex)	
			Trois cylindr.	Quatre cylind.
	fr.	fr.	fr.	fr.
200	22.000	»	»	»
300	27.000	36.000	»	»
400	38.000	45.000	»	»
500	»	55.000	»	»
700	»	65.000	»	»
900	»	84.000	»	»
1.000	»	92.000	103.000	»
1 200	»	»	115.000	140.000
1.500	»	130.000	»	150.000
2.000	»	»	»	170.000

Comparaison des divers moteurs et de leurs rendements.

RÉCEPTEURS				Combustibles	Pouvoir calorifique au kilogr. ou au mètre cube	Consommation par chev.-heure effectif à pleine charge — en combustible	Consommation par chev.-heure effectif à pleine charge — en calories	Rendement économique
Machines à vapeur.				Houille.	8.000	0k900	7.200	0,09
Moteurs à combustion intér.	avec explosion	à gaz	Riche. .	Gaz de vil.	5.300	525l	2.780	0,22
			Pauvre .	Anthracite	9.000	0k450	3.850	0,16
		à pétrole. . . .		Pétrole.	10.000	0k350	3.500	0,18
	sans explosion	Diesel		Pétrole.	10.000	0k180	1.800	0,35

XXVI. Moteurs à gaz.

Généralités.

Les moteurs les plus employés à l'heure actuelle sont ceux à *explosion avec compression* ; la compression préalable du mélange explosant se fait sous une pression de 2 à 5 kilogs, le plus souvent dans une chambre située dans la culasse du fond de cylindre.

Les phases de ces moteurs sont les suivantes :

Par un premier coup en avant, le piston aspire un mélange d'air et de gaz (1) ; en revenant en arrière, il le refoule dans la chambre de compression (2) ; le mélange détonant s'enflamme à peu près à fond de course arrière, et le piston est chassé en avant (3) ce qui constitue la phase motrice ; par un second coup en arrière, le piston chasse devant lui les produits de la combustion, qui s'échappent à l'air libre (4).

Les plus connus de ces moteurs sont ceux de Otto, Simplex, Charon, Crossley, etc.

Le *refroidissement* de l'enveloppe du cylindre se fait, soit à l'*eau courante sous pression*, soit par *thermosiphon*. Dans le premier cas, on compte de 30 à 40 litres d'eau par cheval-heure, l'eau sortant à environ 60° ; dans le second cas, il faut prévoir des réservoirs pouvant fournir de 300 à 500 litres par cheval-heure, ce qui conduit loin dans le cas de moteurs puissants.

Les moteurs à gaz consomment d'autant moins de gaz qu'ils sont plus puissants et que leur marche est plus régulière. Ils tournent de 150 à 350 tours à la minute.

Les moteurs de 5 à 20 chevaux *consomment* de 600 à 750 litres de gaz par cheval-heure ; pour les plus grandes puissances, on peut compter 350 à 500 litres, suivant les systèmes de moteurs ; le gaz revient de 0 fr. 12 à 0 fr. 25 le mètre cube.

XXVII. Electricité industrielle.

Généralités.

Les *piles* sont des appareils utilisant des réactions chimiques pour produire des courants électriques continus de faible puissance. Les piles sont formées de *couples* ou *éléments* composés d'une substance inattaquable, ou à peu près aux acides (*pôle positif*), généralement constituée par du charbon, du platine ou du cuivre ; en second lieu, le *pôle négatif* est constitué par un métal très attaquable, généralement du zinc.

Quand les deux pôles ou *électrodes* sont réunis extérieurement par un *conducteur,* on dit que le circuit extérieur de la pile est *fermé.* Les conducteurs sont des fils métalliques. On admet que le courant se développe en allant du pôle positif au pôle négatif.

La *force électro-motrice,* appelée encore *pression, tension ou différence de potentiel,* est la cause qui détermine l'écoulement de l'électricité dans un circuit.

La *résistance* offerte au passage du courant est analogue à la résistance qu'offrent au passage d'un liquide, la nature, les rugosités, les dimensions d'une conduite. Elle est proportionnelle à la longueur du conducteur, et inversement proportionnelle à la section ; elle est enfin proportionnelle à un coefficient de résistance spécifique dépendant de la nature du conducteur employé.

L'*intensité* d'un courant dépend des deux quantités précédentes ; elle est analogue à la vitesse du courant liquide dans une conduite.

La *quantité* d'électricité passant dans un circuit *pendant un temps donné* est encore analogue à la quantité d'eau en pression passant dans une conduite en un temps donné.

La *capacité* d'un condensateur ou d'un câble varie proportionnellement à la tension du courant, en augmentant quand la tension s'élève.

2° Machines dynamo-électriques ou dynamos.

Ces machines si employées maintenant, sont basées sur la production des *courants induits* développés par le mouvement. Elles se composent :

1° *D'inducteurs,* électro-aimants très puissants, et généralement fixes.

Unités de mesures électriques.

DÉSIGNATION des quantités électriques	SYMBOLES	UNITÉS	RELATIONS
Force électromotrice, ou tension, ou différence de potentiel (*pression*) . . .	E	Volt	$I = \frac{E}{R}$ (Loi de Ohm).
Intensité de courant, ou courant (*débit*)	I	Ampère	
Résistance (*frottement* ou *perte de charge*)	R	Ohm	
Quantité	Q	Coulomb ou ampère-seconde	1 ampère-heure = 36.000 coulombs.
Capacité	C	Farad	Un condensateur de 1 farad, chargé à la tension de 1 volt renferme une quantité d'électricité égale à 1 coulomb.
Travail	T	Joule ou volt-coulomb	$T = QE$ 1 joule $= \frac{1}{9,81}$ kilogrammètre.
Puissance.	W	Watt ou volt-ampère	$W = IE$ 1 watt $= \frac{1}{9,81}$ kilogrammètre. par seconde. 1 watt $= \frac{1}{736}$ cheval-vapeur. 1.000 watt = 1 kilowatt ou Poncelet = 1 cheval, 359.

2° De *l'induit*, électro-aimant, le plus souvent mobile, qui est le siège des courants produits.

Si le courant est utilisé immédiatement tel qu'il est produit, la dynamo est à *courant alternatif*. Si le courant est redressé, grâce à un organe récepteur spécial, on dit que la dynamo est à *courant continu*.

Les dynamos sont dérivées en grande partie des machines de Gramme et Siemens ; à *l'anneau* de la première correspond le *tambour* de la seconde.

Les dynamos tournent généralement à grande vitesse, 700 à 1.500 tours à la minute ; le *rendement* atteint de 80 à 90 0/0. Elles sont le plus souvent établies pour donner une tension de 110 volts, parfois de 220 volts, et très rarement de 55 volts.

3° Eclairage et transport de la force par l'électricité.

On tend de plus en plus à substituer l'éclairage électrique dans les usines à celui par le gaz. Que la lumière soit obtenue par *arc* ou par *incandescence*, la tension employée est généralement de 110 ou 120 volts. Les lampes à incandescence sont le plus souvent de 16 bougies et les lampes à arc, de 4 à 6 ampères ; cette dernière correspond à une puissance de 300 bougies.

Les *lampes à incandescence* se font couramment en types de 8, 16, 20 et 30 bougies. Leur durée varie de 900 à 1.500 heures d'éclairage normal.

Les *lampes à arc* sont ou *montées en dérivation*, et elles sont dans ce cas indépendantes les unes des autres, ou elles sont au contraire *montées en tension*. Quand ces lampes fonctionnent par courant continu, le charbon positif doit représenter le double du négatif, en section ou en longueur. Elles peuvent absorber des puissances très variables, leur intensité variant de 2 à 100 ampères et plus.

Pour avoir approximativement la force nécessaire à un éclairage électrique, il suffit de multiplier les volts par le nombre total des ampères, et de diviser le produit par 500. On obtient la formule :

$$N = \frac{EI}{500}$$

Soit par exemple une usine dont l'éclairage se fait sous 115 volts, avec une intensité de 140 ampères ; la force nécessaire sera d'après cela en chevaux :

$$N = \frac{115 \times 140}{500} = 32 \text{ chevaux } 2.$$

Quand on éclaire par l'arc, celui-ci est généralement direct et entouré d'un globe en opale ; parfois, cet arc est renversé et agit par réflexion ; ce dernier système exige des lampes un peu plus fortes et par suite plus de force motrice. Il faut veiller à ce que les fils soient bien isolés et les coupe-circuits bien visibles et accessibles. On compte environ 9 lampes à incandescence de 16 bougies, à 110 volts par cheval de force.

Toute installation pour le transport de la force par l'électricité se compose d'une *station génératrice* comprenant une ou plusieurs *dynamos* actionnées par un moteur, de la *ligne* constituant la *conduite* et enfin des machines *réceptrices*.

Les dynamos sont à *courant continu* ou à *courant alternatif* ; ces dernières sont employées exclusivement pour les transports de force à grande distance ; par l'emploi de *transformateurs* elles permettent la production de tensions très élevées. Les *courants alternatifs à phases multiples* permettent d'avoir des réceptrices très commodes et très dociles et s'emploient beaucoup depuis peu.

4° Accumulateurs électriques.

Les *accumulateurs* ou *batteries secondaires* sont de véritables piles dans lesquelles les pôles reçoivent le courant d'une dynamo. Pendant la *charge*, il se produit une réaction chimique, et si l'on réunit ensuite les électrodes, la *décharge* se produit, opération inverse, correspondant à la restitution du courant primitif.

Un certain *nombre d'éléments* forment une *batterie.*

Généralement, les accumulateurs sont à base d'oxyde de plomb, baigné d'eau distillée additionnée d'acide sulfurique.

Il faut compter au maximum à la décharge sur une intensité de 1 ampère *par kilog de plaque*. Pendant la charge, il ne faut pas excéder o ampère 5 par kilog.

La *capacité* en *ampères-heures* d'une batterie est le produit du nombre d'ampères par celui des heures pendant lequel on peut la décharger normalement. Ce temps est généralement compris entre 7 et 10 heures.

En général, la tension varie, par élément d'accumulateur, de 2 volts 3 à 1 volt 8 pendant la décharge. Il convient de ne pas descendre au-dessous de cette limite. Une batterie de 60 *éléments* doit donc accuser minimum une tension de :

$$1,8 \times 60 = 108 \text{ volts.}$$

Le courant de charge, produit par une dynamo, doit être *continu*. En charge, la dynamo et la batterie sont groupées pôle à pôle de même nom. Un interrupteur dit *conjoncteur-disjoncteur automatique* évite divers accidents, notamment l'inversion des pôles pendant la charge.

XXVIII. Renseignements divers.

1° 1 *atmosphère* correspond à 1 kg. 033 de pression ; la pression exprimée en atmosphères est donc légèrement supérieure à celle exprimée en kgs.

2° Si l'on désigne par P le poids d'un corps,
par V son volume,
par D sa densité, on a :

$$P = VD$$

c'est-à-dire que le *poids* de ce corps est égal au produit de son *volume* par sa *densité*.

3° Généralement, les transmissions de la filature tournent de 200 à 325 tours, celles des préparations de 150 à 200 tours à la minute.

4° On compte pratiquement 1 mq. 7 de surface de chauffe pour chauffer et entretenir à 15° une salle de 70 mètres cubes de capacité. Ce même chauffage à la vapeur suffit pour entretenir modérément une salle de 100 mètres cubes.

5° Résistance des câbles, cordages et chaînes.

Les charges de sécurité sont en moyenne :

Cordes en chanvre ou aloës	80k	par cent. carré	de section ;
Câbles en fil de fer. . . .	200 à 300	»	»
» d'acier . . .	400 à 500	»	»
Chaînes en fer.	500 à 700	»	»

Ces charges égalent environ le $\frac{1}{6}$ des charges de rupture. Le goudronnage conserve les câbles, mais diminue leur résistance de 25 0/0.

6° On admet qu'il faut dans les usines 60 mètre cubes *d'air pur* par tête et par heure.

7° La *ventilation* des ateliers se fait le plus fréquemment par *insufflation* ; le travail à dépenser est de 1/2 à 1/3 de cheval-vapeur par mètre cube introduit par seconde ; le cheval-vapeur correspond donc à 10 ou 15.000 mètres cubes par heure, la pression étant de 6 à 8 mm. d'eau au ventilateur.

8° La longueur d'une circonférence est égale à son diamètre multiplié par 3,1416.

Exemple. Une circonférence de 0 m. 500 de diamètre a pour longueur :

$$0 \text{ m. } 500 \times 3{,}1416 = 1 \text{ m. } 570.$$

9° Dans les machines de filature on trouve des vis à filets carrés et des vis à filets triangulaires.

Dans les premières le *pas* est égal à un plein plus un creux.

Dans les secondes le *pas* se mesure entre deux sommets consécutifs.

DEUXIÈME PARTIE

Principes généraux communs aux machines des différents genres de filature.

Laine. Coton. Lin. Chanvre. Jute, etc.

Les matières textiles à filaments discontinus doivent, pour être transformés en fil continu, subir un certain nombre d'opérations, tout d'abord on les épure afin de les débarrasser des matières étrangères qui troublent leur pureté, ensuite on les démêle et on les parallélise à l'aide de cardes ou de machines à peigner, enfin, après en avoir formé des rubans que l'on régularise par le doublage et que l'on étire à l'aide de cylindres animés de vitesses progressives, on en forme des fils de longueur indéfinie auxquels on donne une certaine torsion à l'aide de dispositifs spéciaux afin d'augmenter leur résistance et de leur donner une élasticité convenable.

Le travail d'épuration varie naturellement suivant l'état où la matière première se présente à l'industrie. Les autres opérations au contraire se font sur des machines qui diffèrent entre elles comme construction attendu que les matières textiles n'ont pas toute la même longueur et la même force, mais le travail de ces machines étant néanmoins basé sur des principes semblables qui sont communs à tous les genres de filature : laine, coton, lin, jute, etc., nous en faisons l'objet d'un chapitre spécial qui facilitera beaucoup l'étude de la filature aux personnes intéressées.

Nous examinerons donc successivement :

1° En quoi consiste l'étirage et comment on le calcule;

2° Le but des doublages en filature ;

3° Pourquoi on écarte plus ou moins les cylindres d'étirage les uns des autres.

4° Comment peut s'exercer la pression sur les cylindres supérieurs d'étirage ;

5° Les principaux moyens employés pour donner de la torsion aux mèches et aux fils.

Avant d'aborder cette petite étude il nous paraît indispensable d'expliquer quelques termes très fréquemment employés en filature afin de ne pas avoir à y revenir.

1° On appelle *ruban* une agglomération de filaments qui n'ont entre eux d'autres liaisons que l'affinité ou le crochet obtenu par la pression. C'est le produit des étirages.

2° Une *mèche* est une agglomération de fibres réunies entre elles non seulement par la pression, mais encore en même temps par la torsion. C'est le produit des bancs à broches..

3° Un *fil simple* est un cylindre formé d'une substance simple ou composée d'une longueur indéfinie, qui doit être d'un diamètre uniforme sur tous les points de sa longueur quand il est parfait.

Quand ce fil est composé par des filaments de matières textiles il est nécessaire de lui donner une certaine torsion afin de maintenir les fibres entre elles, cette torsion qui donne au fil la résistance et l'élasticité nécessaire se donne généralement de droite à gauche à moins de convention contraire.

1° Etirage.

L'étirage ou laminage a pour but d'affiner ou amincir les rubans ou les mèches, de façon à réduire leur section.

En même temps que l'on étire, on fait des doublages qui, comme nous le montrerons, ont pour but de corriger ou atténuer les défauts. Il serait en effet impossible d'obtenir des fils réguliers sans cet artifice.

Voici en quoi consiste l'étirage :

Les rubans passent entre plusieurs paires de cylindres animés de vitesses progressives (fig. 71) ; les cylindres

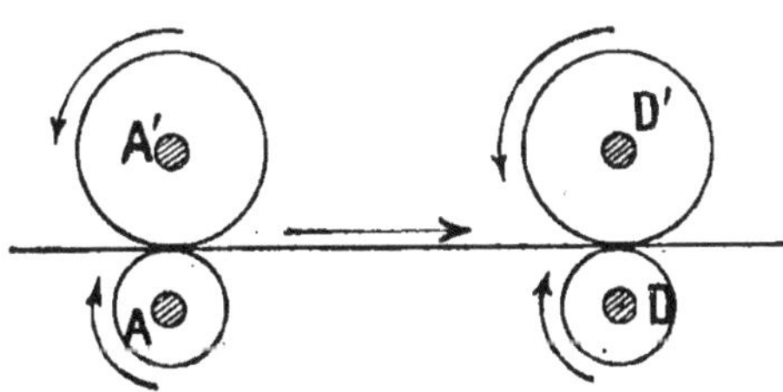

Fig. 71.

d'entrée sont appelés *alimentaires* ou *fournisseurs*, ceux de sortie sont les *délivreurs* ou *étireurs* ; les autres, quand il y en a comme dans les machines travaillant le coton ou la laine, sont appelés *intermédiaires*.

Les cylindres inférieurs sont métalliques et dans certaines machines portent des cannelures parallèles à leurs axes ; les cylindres supérieurs sont ou métalliques ou en bois et agissent sur les inférieurs soit par leur simple poids, soit au moyen d'une pression par leviers et contre-poids, mais ils ne sont généralement pas commandés.

Supposons un ruban passant entre deux paires de cylindres AA' et DD' de même grosseur, ainsi que l'indique la figure 71 ci-contre.

Si les cylindres ont la même vitesse, un ruban de 1 mètre de longueur et de numéro 20 par exemple sortira avec sa même longueur et son numéro primitif parce que les cylindres auront développé la même quantité.

Mais si nous supposons que les cylindres DD′ tournent deux fois plus vite que ceux AA′, il est évident que, quand AA′ développeront la longueur 1 mètre de ruban, ceux DD′ developperont 2 mètres, le poids du ruban restant toujours le même ; de plus le numéro du ruban obtenu sera le double et donnera donc du numéro 40. C'est cette opération, qui constitue *l'étirage.*

L'étirage est donc égal au *rapport* entre la *longueur obtenue* et la *longueur primitive.*

La longueur obtenue étant 2 mètres et la longueur primitive 1 mètre, on a pour la valeur de l'étirage : Etirage $= \frac{2 \text{ m.}}{1 \text{ m.}}$. Mais ces longueurs 2 mètres et 1 mètre représentent comme nous l'avons vu, la première, le développement du cylindre délivreur D, et la deuxième le développement du cylindre fournisseur A c'est-à-dire dans le cas actuel la vitesse de ces cylindres. On peut donc écrire pour la valeur de l'étirage.

$$\text{Etirage} = \frac{\text{Vitesse cylindre D}}{\text{Vitesse cylindre A}}.$$

Règle. — L'étirage est donc égal au rapport des vitesses des cylindres délivreurs et alimentaires.

Examinons maintenant l'étirage dans le cas où plusieurs étirages partiels se succèdent.

Soient AA′, II′, DD′ les paires de cylindres et R le ruban (fig. 72).

Supposons qu'entre A et I ait lieu un étirage de 4 ; et entre I et D un étirage de 3.

Si l'on fait passer 1 mètre de ruban entre A et I, l'étirage étant de 4, il s'allongera de façon à donner une longueur de 4 mètres. Si maintenant, ces 4 mètres obte-

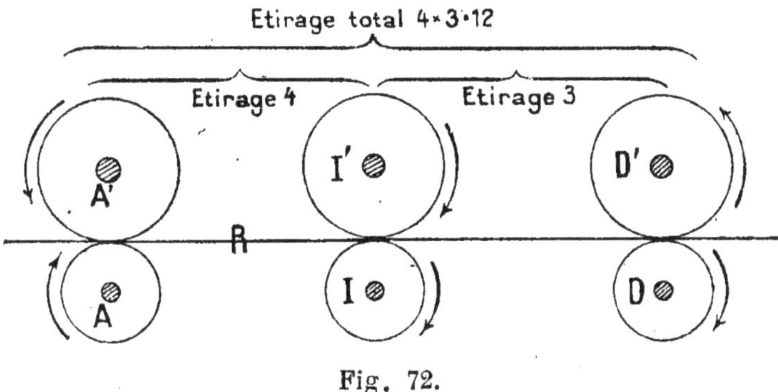

Fig. 72.

nus passent entre I et D, l'étirage étant de 3, chacun d'eux donnera 3 mètres et la longueur totale obtenue sera :

$$4 \times 3 = 12 \text{ mètres.}$$

L'étirage total est donc égal au produits des étirages partiels.

L'étirage total d'une machine étant 10, et l'étirage entre l'alimentaire et l'intermédiaire étant 2,2, quel sera l'étirage entre l'intermédiaire et le délivreur ?

On aura : $\frac{10}{2,2} = 4,54.$

Quantité d'étirage.

Pour que l'étirage se produise sans amener la rupture des rubans ou des mèches il faut que les fibres textiles se recouvrent d'une certaine quantité et d'autre part l'étirage ne doit pas dépasser certaines limites.

Cet étirage est égal à la longueur de la fibre divisé par l recouvrement.

Supposons que nous ayons 1.000 brins de laine ou d lin dans un ruban de 1 mètre de longueur, et supposons qu chaque brin de laine ait 0,08 centimètres de longueu si nous étirons de 8 ce ruban à une machine d'étirag nous aurons $\frac{8}{1.000} = 0$ m. 008 de déplacement de chaqu fibre; mais si au lieu de 1.000 brins nous n'en avons que 100 le déplacement sera $\frac{8}{100} = 0$ m. 08 il n'y aura plu alors de superposition, mais des solutions de continuité autrement dit des *coupures*. La masse en travail influ donc sur la quantité d'étirage à donner et le nombre d filaments varie avec la finesse des matières. On peut don poser la loi générale suivante :

Les étirages à donner à une matière textile sont proportionnels à la longueur des fibres, à la quantité de filaments et en raison inverse de la grosseur des brins. Plu les rubans sont gros et les fibres longues plus on peu étirer.

Commandes des cylindres d'étirage et leurs calculs.

Dans les machines de filature les cylindres délivreurs ou étireurs reçoivent généralement la commande et ils transmettent leur mouvement aux cylindres fournisseurs ou alimentaires ainsi qu'aux cylindres intermédiaires quand il y en a.

C'est ainsi que ces cylindres délivreurs actionnent les fournisseurs au moyen d'une série d'engrenages parmi lesquels se trouve un double engrenage intermédiaire appelé *Tête de cheval* (fig. 73).

Quand il y a un cylindre intermédiaire, le fournisseur l'alimente souvent par un engrenage intermédiaire dit *Malborough.*

Dans d'autres cas, l'intermédiaire est commandé directement par le cylindre délivreur.

Nous supposerons pour les calculs un système de trois paires de cylindres comprenant un fournisseur, un inter-

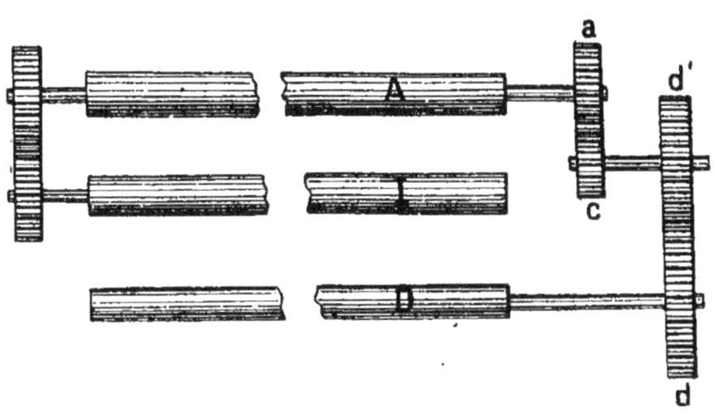

Fig. 73.

médiaire et un délivreur et nous n'indiquerons que les engrenages principaux, les intermédiaires simples y sont donc supprimés.

Nous allons déterminer l'étirage entre le cylindre fournisseur A et le cylindre délivreur D.

Nous avons montré que l'étirage $E = \frac{\text{Vitesse D}}{\text{Vitesse A}}$.

Pour simplifier les calculs, cherchons la vitesse du cylindre fournisseur A pour un tour du cylindre délivreur D.

La vitesse du cylindre délivreur pour un tour est égale à la longueur de sa circonférence π ou 3,1416 multiplié par son diamètre D.

Cherchons la vitesse du cylindre fournisseur A dans le même temps. La vitesse de ce cylindre A pour un tour du cylindre D est égale à son développement multiplié par son nombre de tours.

Son développement est πA. Pour avoir son nombre de tours, il suffit de faire le produit des engrenages commandeurs, puis celui des commandés et de diviser le premier produit par le deuxième.

Les commandeurs sont les engrenages d et c.

Les commandés sont les engrenages d' et a.

Donc : $\frac{dc}{d'a}$ = nombre de tours. Par suite on peut écrire :

Vitesse de A pour un tour de D $= \pi A \times \frac{dc}{d'a}$.

alors l'étirage $E = \frac{\text{Vitesse D}}{\text{Vitesse A}}$ deviendra :

$$E = \frac{\pi D}{\pi A \times \frac{dc}{d'a}} = \frac{D}{A} \times \frac{d'a}{dc} \quad (1)$$

c'est-à-dire :

Règle générale. — *L'étirage est toujours égal au rapport des diamètres des cylindres délivreur et alimentaire multiplié par le produit du nombre de dents des roues commandées, divisé par le produit du nombre de dents des pignons de commande.*

Problème d'application. — Calculer l'étirage entre les cylindres délivreur et fournisseur sachant que le cylindre délivreur a 30 mm. de diamètre, le cylindre fournisseur 29 mm. de diamètre, le pignon $d = 41$ dents, $d' = 105$ dents, $c = 30$ dents et $a = 60$ dents (fig. 73).

En appliquant la règle générale ci-dessus, on aura pour la valeur de l'étirage :

$$E = \frac{D}{A} \times \frac{d' \times a}{d \times c} \text{ d'où}$$

$$E = \frac{30 \times 105 \times 60}{29 \times 41 \times 30} = 5,29.$$

On pourrait évidemment multiplier les exemples, mais la simplicité de ce genre de calcul nous en dispense. Nous ferons simplement remarquer que si l'on avait à calculer l'étirage d'une machine dans laquelle le diamètre des cylindres serait exprimé en pouces comme cela a lieu en filature de lin, jute, etc., au lieu d'être exprimé en millimètres la façon de procéder serait exactement la même.

Remarques.

1° En examinant la formule générale de l'étirage que nous venons d'établir, c'est-à-dire la formule (1), on remarque que le pignon de change d'étirage C se trouve au dénominateur; dans ces conditions plus ce pignon sera petit plus l'étirage sera fort et inversement plus ce pignon sera grand plus l'étirage sera faible.

Si donc, nous désignons par C le pignon de change correspondant à un étirage E le pignon C' qui correspondrait à un étirage E' se déterminerait par la relation :

$$\frac{E}{E'} = \frac{C'}{C} \quad (2)$$

de laquelle on déduit en effet :

$$C' = \frac{E \times C}{E'} \quad (3).$$

Cette formule très importante s'emploie constamment en filature.

Problème d'application. — Avec un pignon de change $C = 30$ dents on obtient un étirage $E = 5{,}29$, on demande quel pignon C' il faudrait mettre pour obtenir un étirage $E' = 6{,}10$.

En appliquant la formnle (3) et en remplaçant les lettres par leur valeur on déduit en effet :

$$C' = \frac{5,29 \times 30}{6,10} = \text{pignon } 26.$$

Nota. — Il peut arriver en calculant le pignon que l'on trouve un nombre fractionnaire tel que 26,15 par exemple au lieu de 26 ; il est bien évident que dans ce cas on mettra un pignon de 26 dents car la fraction peut être négligée sans grande erreur.

Si au contraire on trouvait par exemple 26,75 il faudrait mettre un pignon de 27 dents car la fraction qui accompagne le nombre 26 est supérieure à une demi-dent. Enfin si l'on trouvait 26,50 on pourrait mettre indifféremment un pignon de 26 ou un pignon de 27 dents.

2° Nous venons de voir que pour modifier l'étirage il suffit de changer le pignon de change C, quelquefois cependant il est nécessaire de modifier en même temps la roue tête de cheval *d'*. Si nous supposons tout d'abord que les changements peuvent se faire simplement à l'aide du pignon de change C, il est alors possible de simplifier les calculs afin de trouver facilement l'étirage.

En effet dans la formule (1) donnant la valeur de l'étirage

$$E = \frac{D}{A} \times \frac{d' \times a}{d \times c} (1)$$

si on supprime le pignon de change il reste l'expression suivante :

$$\frac{D}{A} \times \frac{d' \times a}{d} (4)$$

donnant un nombre constant qu'il suffit de déterminer une fois pour toutes et si alors on divise ce nombre constant par chacun des pignons de change dont on dispose on déduit immédiatement et très rapidement l'étirage qui correspond à chacun d'eux.

Tant qu'aucun des termes de la formule (4) ne sera modifié le nombre *constant d'étirage* restera le même, mais si pour une raison quelconque on vient à faire un changement, que par exemple on retourne le cylindre délivreur par suite d'usure comme cela arrive quelquefois dans certains genres de filature, il faudra alors refaire le calcul du nombre constant autrement on serait exposé à faire de grossières erreurs de calcul.

Si nous supposons maintenant que l'étirage voulu ne peut s'obtenir en modifiant simplement le pignon de change C dans ce cas il y a intérêt à changer la roue tête de cheval d' en lui donnant une dent ou deux en plus ou en moins, d'ailleurs dans ce but on dispose généralement de plusieurs de ces roues tête de cheval. Nous allons voir que même dans ce cas il y a un moyen très simple de procéder par des nombres constants.

Désignons en effet par d', d'', d''', etc., les roues têtes de cheval dont on dispose et dans la formule (1) donnant la valeur de l'étirage supprimons le pignon de change C de la roue tête de cheval d' il reste alors l'expression suivante :

$$\frac{D}{A} \times \frac{a}{d} \quad (5)$$

qui est un nombre constant que l'on peut déterminer.

Si alors on multiplie ce nombre constant que nous appellerons A par chacune des roues d', d'' ou d''' on a :

$$A \times d'$$
$$A \times d''$$
$$A \times d'''$$

qui sont de nouveaux *nombres constants*, les seuls que

l'on a d'ailleurs besoin d'avoir pour effectuer les calculs d'étirage.

Si alors on désigne par C C', C'', C''', etc., la série des pignons de change il suffit de diviser les nombres Ad, Ad', Ad'' par chacun des pignons de change dont on dispose pour obtenir immédiatement tous les étirages que l'on peut produire dans les conditions indiquées ci-dessus.

Probèmes d'appication. — 1° Calculer tous les étirages que l'on peut produire sur un système étireur représenté figure (73) sachant que l'on a :

Diamètre du cylindre délivreur D = 30 mm.
— alimentaire A = 29 mm.
Pignon d = 41 dents.
Roue d' = 104 dents.
Pignon c = 28, 29, 30, 31, 32 ou 33 dents.
Et Roue a = 60 dents.

En appliquant la formule (4) $\frac{D}{A} \times \frac{d' \times a}{d}$ et en remplaçant les lettres par leur valeur on a :

$$\frac{30}{29} \times \frac{104 \times 60}{41} = 157{,}4 \text{ (Nombre constant).}$$

Les étirages que l'on peut faire sont donc :

$$\frac{\text{Nombre constant } 157{,}4}{\text{pignon } 28} = 5{,}62 \qquad \frac{157{,}4}{29} = 5{,}42$$

$$\frac{157{,}4}{30} = 5{,}29 \qquad \frac{157{,}4}{31} = 5{,}07$$

$$\frac{157{,}4}{32} = 4{,}91 \quad \text{et} \quad \frac{157{,}4}{33} = 4{,}76.$$

Il est évident que la série des pignons de change dont on dispose est plus ou moins complète suivant que l'on est appelé à faire des étirages divers en nombre plus ou moins grand ; souvent les pignons d'une série varient de deux en deux dents seulement car les étirages produits par 2 pignons qui ne diffèrent que d'une dent sont peu différents l'un de l'autre comme le montrent d'ailleurs nos calculs ci-dessus.

2° Calculer tous les étirages que l'on peut produire sur le système d'étirage dont il vient d'être question sachant que l'on dispose de plusieurs roues d' pour la tête de cheval et que tous les autres éléments indiqués restent les mêmes.

Supposons donc que l'on ait les roues d' suivantes :

$$d' = 104, 105 \text{ ou } 106 \text{ dents.}$$

En appliquant alors la formule (5) $\frac{D}{A} \times \frac{a}{d}$ et en remplaçant les lettres par leur valeur on aura :

$$\frac{30}{29} \times \frac{60}{41} = 1,606 \text{ (Nombre constant).}$$

En multipliant ce nombre 1.606 par chacun des nombres de dents de la roue d' on aura :

$$1,513 \times 104 = 157,40$$
$$1,513 \times 105 = 158,91$$
$$1,513 \times 106 = 160,42$$

et si enfin on divise ces divers nombres constants par chacun des pignons d de la série on obtiendra tous les étirages que l'on peut produire.

On a en effet :

avec le nombre 157,4	avec 158,91	avec 160,42
$\frac{\text{Constant } 157,4}{\text{pignon } 28} = 5,62$	$\frac{158,91}{28} = 5,47$	$\frac{160,42}{28} = 5,73$
$\frac{157,4}{29} = 5,42$	$\frac{158,91}{29} = 5,48$	$\frac{160,42}{29} = 5,53$
$\frac{157,4}{30} = 5,24$	$\frac{158,91}{30} = 5,29$	$\frac{160,42}{30} = 5,35$

$$\frac{157,4}{31}=5,07 \qquad \frac{158.91}{31}=5,13 \qquad \frac{160,42}{31}=5,17$$

$$\frac{157,4}{32}=4,91 \qquad \frac{158,91}{32}=4,96 \qquad \frac{160,42}{32}=5,01$$

$$\frac{157,4}{33}=4,76 \qquad \frac{158,91}{33}=4,81 \qquad \frac{160,42}{33}=4,86$$

Problèmes divers sur les étirages.

3° Avec un pignon de 30 dents on obtient un ruban de n° 0,6 à la sortie d'un étirage. Quel pignon faudrait-il employer pour obtenir un ruban de n° 0,5 à la sortie, sachant que les rubans à l'entrée sont de mêmes numéros ?

Les numéros sont inversement proportionnels aux pignons de change. Ainsi en appelant N le numéro qui correspond au pignon C et N′ celui qui correspond au pignon C′, on pourra écrire : $\frac{N}{N'}=\frac{C'}{C}$. Par suite, en remplaçant les lettres par leur valeur, on aura :

$$\frac{0,6}{0\,5}=\frac{C'}{30} \text{ d'où pignon } C'=\frac{0,6\times 30}{0,5}= 36 \text{ dents.}$$

4° Avec un pignon de 30 dents, on travaille un ruban numéro 0,110 à l'entrée. Quel pignon faudra-t-il employer pour travailler un ruban de numéro 0,103 à l'entrée et pour obtenir le même numéro à la sortie ?

Dans ce cas, les numéros sont proportionnels aux pignons, donc on peut écrire : $\frac{N}{N'}=\frac{C}{C'}$. Par suite, le pignon cherché sera :

$$C=\frac{N\times c'}{N'} \text{ ou } C=\frac{0,103\times 30}{0,110}= 27 \text{ dents.}$$

5° Un ruban de numéro 0,12 passe à une série de machines d'étirages où il subit :

A la première un étirage de 8 et un doublage de 8,

A la seconde un étirage de 9 et un doublage de 6,

A la troisième un étirage de 5 et un doublage de 2,

A la quatrième un étirage de 4, et un doublage de 4, quel sera le numéro du ruban sortant de la dernière machine ?

Règle. — Lorsqu'un ruban est soumis à un certain nombre de passages d'étirages, le numéro du ruban sortant de la dernière machine considérée s'obtient en multipliant le numéro primitif par le produit des étirages successifs et en divisant le résultat par le produit des doublages successifs.

On peut donc écrire :

Numéro du ruban sortant à la dernière machine =

$$\frac{0,12 \times 8 \times 9 \times 5 \times 4}{8 \times 6 \times 2 \times 4} = 0,45.$$

2° Le doublage.

Le doublage a pour but de réunir, pour les étirer, plusieurs rubans de manière à corriger ou à atténuer les défauts de chacun d'eux.

Bien que cette opération retarde d'autant l'affinage des rubans, elle est indispensable pour obtenir un fil le plus régulier possible.

Naturellement, le doublage, agissant en sens opposé de l'étirage, modifie le numéro des rubans. Tandis que l'étirage affine, le doublage grossit le ruban.

Pour bien montrer ce qui se passe dans les machines où l'on fait le doublage des rubans, ou des mèches, supposons que l'on fasse un doublage de 3, c'est-à-dire que l'on réunisse 3 rubans pour les étirer et n'en former qu'un seul (fig. 74). Si les rubans sont parfaitement réguliers et ont, par exemple, chacun 2 centimètres de grosseur, la section totale du ruban sera :

$$2 + 2 + 2 = 6 \text{ centimètres.}$$

Mais si l'en étire en même temps de 3, les rubans sortant de la machine auront :

$$\frac{6}{3} = 2 \text{ centimètres.}$$

Comme le ruban entrant était régulier, rien ne s'est produit. Ce cas se présente rarement. Mais, supposons maintenant un cas extrême, c'est-à-dire 3 rubans ABC qui se rencontrent en des endroits défectueux (fig. 74).

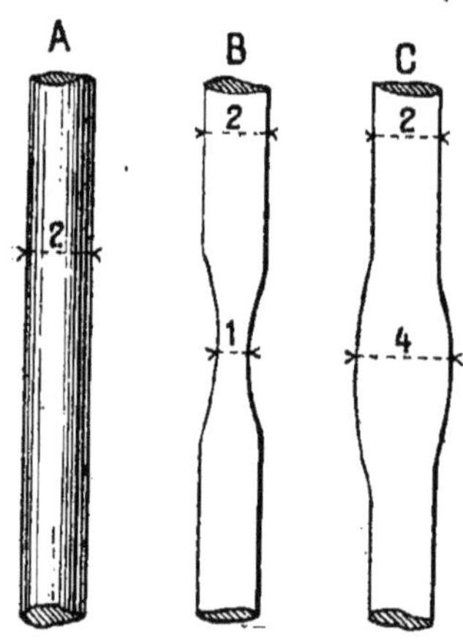

Fig. 74.

Le 1er A, est *parfaitement régulier* et a 2 centimètres de section.

Le 2e B, de 2 centimètres de section également présente un défaut appelé *coupure* n'ayant qu'une section de 1 centimètre.

Enfin le 3e C, régulier aussi présente un défaut appelé *grosseur* qui a 4 centimètres de section.

En réunissant ces trois rubans par le doublage, la section normale totale sera :

$$2 + 2 + 2 = 6 \text{ centimètres}$$

et la section à l'endroit des défauts sera :

$$2 + 1 + 4 = 7 \text{ centimètres.}$$

Par conséquent le rapport des défauts après doublage

ne sera plus que de 7/6, tandis qu'il était de 1/2 pour le 2e ruban à certains endroits et 4/2 à certains endroits du ruban C.

En un mot, le doublage aura produit une régularisation de la section des rubans. Il peut se faire que le doublage suivant la façon dont les défauts se rencontreront, ne produise pas d'amélioration à une machine, mais ce serait fort étonnant et même impossible que le même défaut se produise dans les machines suivantes. Le doublage peut ne pas atténuer les défauts, mais jamais il ne les aggravera.

Le doublage ne doit pas dépasser certaines valeurs maximum assignées par la pratique : l'agencement des organes, la masse de matière en œuvre entre les cylindres d'étirage, la perfection du travail à effectuer, sont autant d'éléments dont on doit tenir compte.

Chances de régularisation des rubans ou des mèches par le doublage. — Il convient d'examiner les chances plus ou moins nombreuses qu'ont de se rencontrer simultanément en une même position des portions fines ou des portions fortes contenues dans les rubans ou mèches que l'on assemble. Ce sont ces chances qui contrarient ou favorisent seules l'influence saine et régulatrice des doublages.

Si par exemple 8 mèches mariées entrent dans un système étireur, de telle sorte que leurs portions fines se juxtaposent, le doublage sera illusoire, et la mèche résultante ne sera pas améliorée. Il est à remarquer que la coupure finale unique sera la moyenne des 8 coupures partielles initiales. Supposons en outre qu'il y ait eu un étirage de 8 en même temps ; la coupure sera alors 8 fois plus étendue que les 8 composantes. 8 coupures courtes seront dans ce cas remplacées par 1 seule 8 fois plus longue.

L'amélioration du ruban dépend donc des chances

favorables et défavorables qui se présentent pour faire se croiser ou au contraire se rencontrer les défectuosités de même nature.

Voyons d'abord les conditions où se font les doublages au début de la préparation, alors que l'on cherche seulement à rendre les rubans homogènes, sans les amincir. En général, dans le peigné, les défauts se présentent à intervalles assez considérables, et sont de longueurs importantes, souvent un ou plusieurs mètres.

Supposons 8 rubans à doubler à une machine d'étirage et admettons par exemple que l'on considère dans chacun 100 mètres de longueur, chacun de ces rubans y présentant une finesse de 10 mètres de long par exemple.

Considérons des déplacements respectifs de 10 mètres en 10 mètres dans chacun des rubans, de telle sorte que le défaut de 10 mètres considéré pour chacun entre complètement dans le champ du défaut du ruban voisin, ou en sorte entièrement.

On obtient un casier (fig. 75) dans lequel les 8 colonnes verticales représentent les 8 rubans, comprenant chacun 10 cases égales, dont l'une hachurée, représente une finesse.

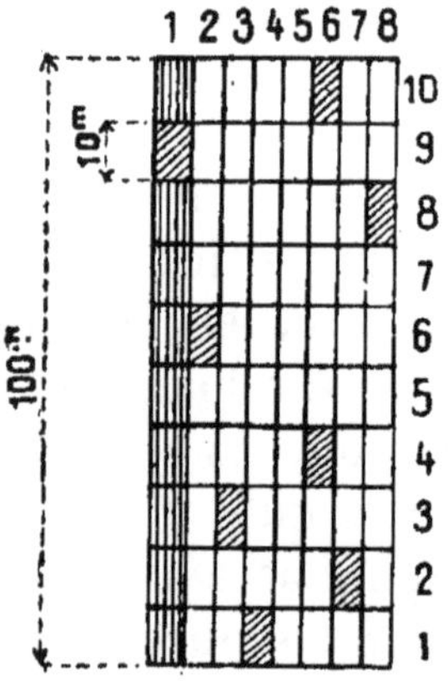

Fig. 75.

En ne considérant que des croisements entiers ou des rencontres entières, on voit que dans la colonne du ruban 1 le défaut peut tomber dans 10 positions différentes ; pour le ruban 2 il en est de même. — Ces 10 positions du défaut du ruban 2, combinés une à une aux 10 positions du ruban 1 donnent 10^2 ou 100 positions relatives possibles. — Le défaut du ruban 3 peut à son tour occuper 10 positions relatives qui en se combinant aux 100 des 2 premiers rubans, donnent : $100 \times 10 = 10^3$ positions différentes.

Pour les 8 rubans, on obtiendrait 10^8 positions relatives possibles, c'est-à-dire 100 millions. C'est ce nombre des combinaisons différentes que le hasard peut réaliser entre les 8 défauts dans notre hypothèse.

Parmi ces innombrables combinaisons, voyons quelles sont celles qui favorisent la compensation désirée.

Il n'y a que 10 chances qui soient nulles comme effet de régularisation. Ce sont les 10 combinaisons dans lesquelles les 10 défauts tombent simultanément dans les 10 cases d'un même degré, et se disposent suivant une ligne horizontale, c'est-à-dire suivant une seule section droite.

Au contraire, il y a un grand nombre de cas, où il n'y a qu'un seul défaut par ligne, c'est-à-dire où la régularisation est bien obtenue. Ce nombre est égal aux permutations possibles de 8 chiffres :

$$1 \times 2 \times 3 \times 4 \times 5 \times 6 \times 7 \times 8 = 40.320.$$

Ainsi donc, pour un doublage comportant un nombre un peu important de rubans, les chances de compensation partielle sont excessivement nombreuses ; les chances parfaites sont encore en nombre important et les chances de nul effet sont en nombre insignifiant.

Il a été remarqué souvent que deux doublages successifs de 8 donnent plus de régularité que trois de 6 ; ces trois derniers en apparence donnent un facteur total de doublage de $6 \times 6 \times 6 = 216$; dans le premier cas on n'avait cependant que $8 \times 8 = 64$.

Dans le cas des 3 passages cependant, les chances compensatrices ont été fort affaiblies à chaque opération ; de plus les compensations utiles sont fréquemment contrariées par de mauvaises dispositions d'installation.

Considérons maintenant le cas du doublage sur des

mèches régularisées par les étirages et qui sont en voie d'amincissement. Dans ces opérations on maintient le doublage, à titre plus faible il est vrai, pour parer aux irrégularités que peut occasionner cet affinage.

Prenons d'abord le cas du doublage de 2.

Il n'y a que 4 positions relatives possibles des 2 parties (mince et grosse) du 1er et du 2e ruban (fig. 76).

Deux des chances sont à effet compensateur complet.

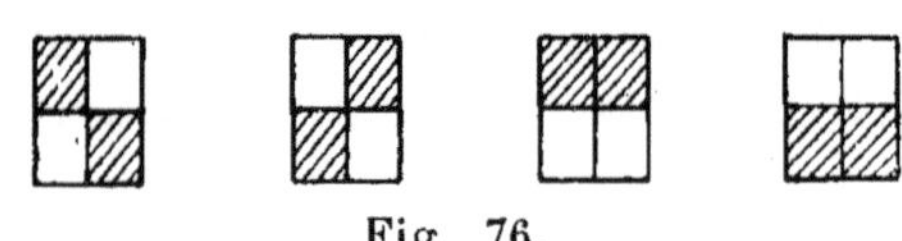

Fig. 76.

Les deux autres sont à effet nul. On voit par là combien est illusoire le doublage de 2.

Le doublage de 3 donnerait 2^3 ou 8 combinaisons. (fig. 77).

Il y aurait : Deux chances à effet nul. — Six chances favorables. — Pas de chance parfaite.

Examinons enfin le doublage de 4 :

Celui-ci donne : $2^4 = 16$ chances. Il y en a : 2 de nulles. — 14 de favorables. — 6 parfaites. On voit que le doublage de 4 est déjà très avantageux.

Le facteur du doublage agit comme exposant de la

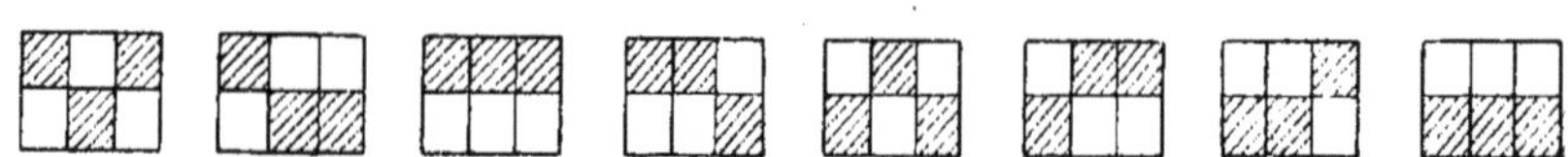

Fig. 77.

puissance du nombre 2, pour le calcul des chances diverses, les chances de nul effet n'étant qu'au nombre fixe de 2.

3° Ecartement des cylindres d'étirage.

Lorsque deux paires de cylindres marchent à des vitesses angulaires inégales occasionnées par la différence de leur développement dans un même temps, ce qui constitue l'étirage, il convient pour que les fibres soient maintenues ensemble, que l'écartement qui sépare ces cylindres soit réglé de telle façon qu'aucune fibre ne puisse, en étant saisie à la fois aux points de contact placés sur les génératrices des rouleaux, recevoir un effort de traction tel qu'elle ne perde de son élasticité ou qu'elle ne se brise. D'autre part, pour que les fibres conservent bien leur parallélisme et leur disposition régulière, il est utile qu'elles ne restent pas trop longtemps abandonnées à elles-mêmes, sans être tenues par les fournisseurs ou par les étireurs. On évite cet inconvénient en basant l'écartement des organes sur la plus *grande longueur des filaments à traiter*, c'est-à-dire sur la distance mesurée d'axe en axe entre les cylindres ; elle dépassera légèrement la longueur des brins et augmentera dans une certaine proportion assez faible en raison de la masse.

Il est bon d'ailleurs que les parties traitées se composent autant que possible, même dans les mélanges, de brins de même longueur.

Ajoutons aussi que pour une même masse de fibres, l'écartement sera proportionnel à leur longueur et augmentera dans une certaine limite avec la quantité.

On doit tenir compte pour la détermination des écartements :

1° De l'épaisseur de la nappe ;

2° De l'étirage ;

3° De la pression exercée sur les cylindres.

Plus la *nappe est épaisse*, plus l'écartement peut être grand.

Plus l'*étirage est faible*, plus l'écartement peut être grand.

Plus la *pression est faible*, plus l'écartement peut être grand.

C'est pour cette raison que dans les machines où il y a plusieurs paires de cylindres, les écartements vont en diminuant des cylindres fournisseurs aux cylindres délivreurs.

La figure 78 fait voir qu'entre les cylindres A et I il y a un certain écartement, entre I et I' il est moindre ; il

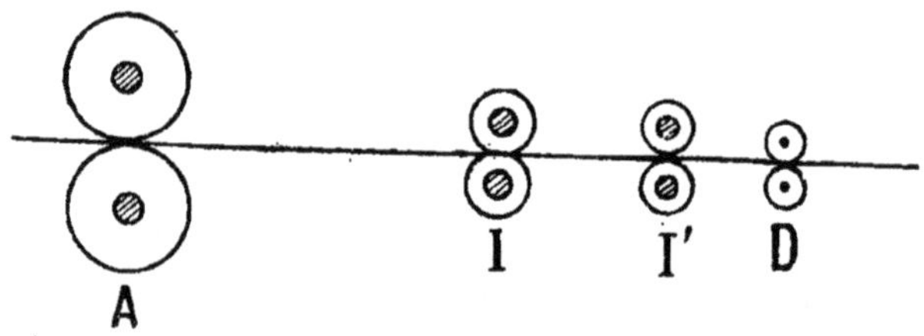

Fjg. 78.

est encore plus faible entre I' et D. En outre les cannelures des cylindres cannelés diminuent de grosseur à mesure que le ruban s'affine.

Dans les machines de la filature de coton, il y a ordinairement 3 paires de cylindres, dans celle de la filature de laine, il y a au contraire 4 paires de cylindres ; enfin dans la filature du lin, il n'y a que 2 paires de cylindres.

D'après les considérations qui viennent d'être faites, on comprend facilement que suivant la longueur des filaments et suivant l'épaisseur des rubans à travailler, il faudra modifier l'écartement entre les cylindres d'étirage. Si nous insistons sur ce point c'est qu'il nous semble que l'on regarde trop ce côté de la filature comme un détail et que souvent on en ignore l'importance.

Remarque.

L'étirage par deux paires de cylindres d'étirage dont nous avons parlé suffit quand on travaille des filaments de longueur uniforme ou des filaments courts et que l'étirage à produire est faible, dans ce cas en effet dès que les filaments quittent les cylindres alimentaires ils sont saisis presque aussitôt par les cylindres étireurs et de ce fait ne sont jamais longtemps abandonnés à eux-mêmes.

Mais si les fibres qui constituent un ruban ou une mèche sont longues et de longueur inégale l'écartement entre les cylindres étant réglé sur les plus longues fibres il en résultera forcément que les fibres les plus courtes seront abandonnées à elles-mêmes pendant un certain temps, c'est-à-dire qu'elles ne seront tenues ni par les cylindres alimentaires ni par les cylindres délivreurs, elles auront une tendance étant prises dans la masse du ruban à être entraînées par celles d'entre elles qui sont déjà prises par les cylindres étireurs, ce qui se traduirait par un étirage irrégulier.

Il faut donc par un moyen quelconque empêcher que les fibres ainsi abandonnées à elles-mêmes puissent être entraînées par les fibres voisines de façon à leur conserver un mouvement propre jusqu'au moment où ces fibres seront saisis par les cylindres étireurs, il faut pour être dans de bonnes conditions que les fibres conservent une vitesse égale ou légèrement supérieure à celle des cylindres alimentaires.

Pour cela dans la filature du lin long, du chanvre, du jute, etc., on dispose entre les cylindres alimentaires et étireurs des barrettes de gills qui ont la même vitesse ou une vitesse légèrement supérieure à celle du cylindre alimentaire.

Dans les machines d'étirage de la filature de laine on

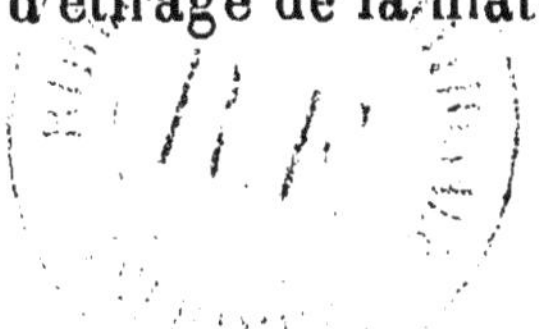

place au contraire des cylindres intermédiaires qui ont tous une vitesse légèrement supérieure à celle des cylindres alimentaires.

4⁰ Pression exercée sur les cylindres.

La pression permet l'entraînement de la matière qui se trouve ainsi suffisamment pincée par les paires de cylindres d'étirage.

Cette pression doit être suffisante pour obtenir un bon laminage. *Trop forte*, elle occasionne des barbes et des coupures, tout en déformant les rouleaux très rapidement ; elle prend au moteur une force superflue, consomme par suite une plus forte quantité d'huile, fatigue le métier et abîme la matière.

Trop faible, elle produit un travail irrégulier, se faisant par arrachages et engorgements successifs. La pression, pour être convenable, doit permettre au ruban de se produire sans solution de continuité.

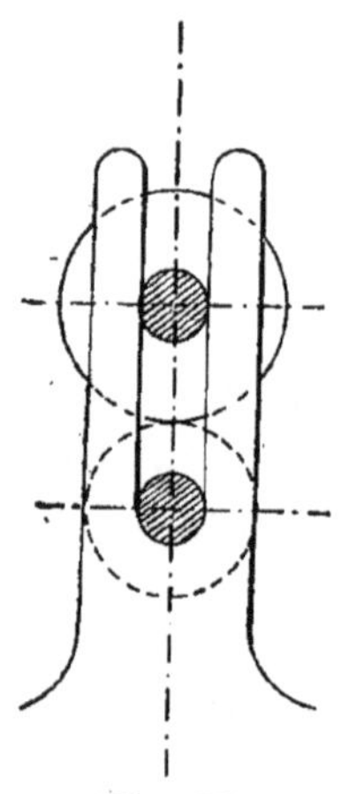

Fig. 79.

Pour exercer la pression sur les cylindres supérieurs, on a recours suivant les cas à l'une ou à l'autre des dispositions suivantes :

1⁰ *La pression libre*, dans laquelle le poids du rouleau supérieur suffit pour faire pression par lui-même, tels sont les cylindres de certains bancs d'étirage (fig. 79).

2⁰ *La pression directe*, dans laquelle la pression s'exerce au moyen de contrepoids accrochés à la partie inférieure de sellettes dont la partie supérieure repose sur le collet des cylindres, tels sont les pressions de certains bancs à broches (fig. 80).

3° *La pression par leviers.* — Dans les deux cas précédents la pression ne peut varier qu'en changeant le poids des cylindres ou celui des contre-poids, en outre, quand la pression doit être forte, la dimension des contre-poids devient très grande, aussi emploie-t-on de préférence les systèmes par leviers dans lesquels la pression est égale au poids des cylindres plus le poids des sellettes, plus la pression obtenue par les leviers. On varie alors la pression en reculant ou en avançant le contre-poids sur le levier (fig. 81).

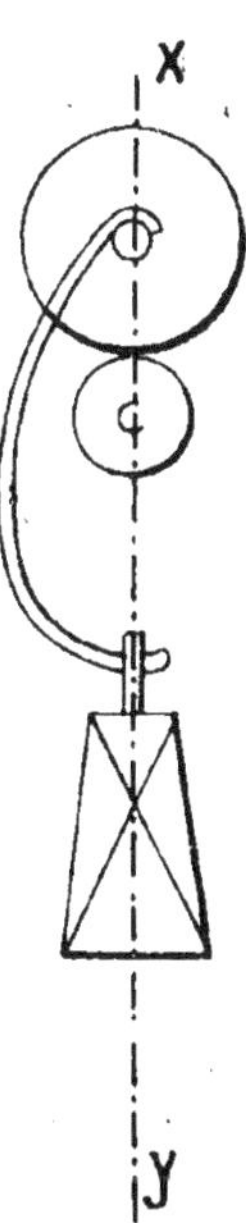

Fig. 80.

4° La pression par ressorts que nous ne citerons que pour mémoire, car il ne permet pas de savoir exactement la pression que l'on donne.

Ces modes d'application de la pression sont diversement appréciés. — La pression directe a le défaut, avons-nous dit, de ne pouvoir se modifier avec les circonstances et exige dans certaines machines d'assez lourdes masses pour produire l'effet recherché ; mais elle est moins sujette que la pression à leviers aux vibrations déterminées par le passage des filaments entre les deux cylindres et elle a l'avantage de ne jamais modifier sa puissance pendant la marche de la machine.

La pression à leviers au contraire se règle suivant la nature des opérations, et pour un effort considérable à produire, ne nécessite qu'un poids relativement très faible. Mais ces avantages sont amoindris par les inconvénients que présentent les vibrations continuelles des organes d'étirage pendant le travail.

Aussi il nous semble que la pression directe convient

parfaitement aux machines de préparation, parce que là, la masse de filaments passés dans un temps très court est souvent très grande et qu'il n'y a pas lieu de tenir avec autant de soins la pression rationnelle.

Pour les métiers à filer, au contraire, là où les cylindres tournent lentement et laissent passer peu de matière

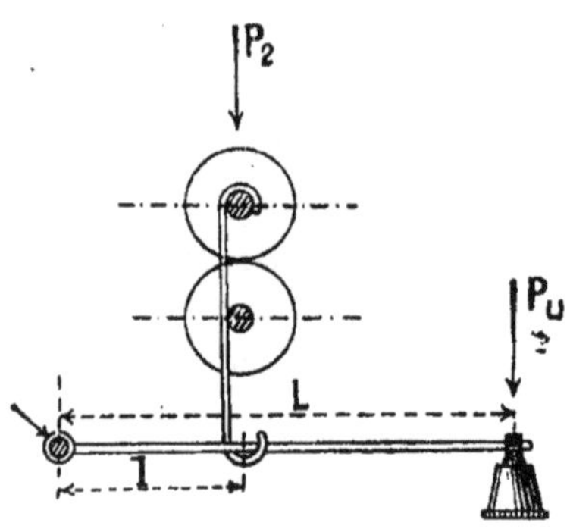

Fig. 81.

dans l'unité de temps, nous pensons que la pression à leviers est préférable. Dans quelques cas particuliers cependant, on a également recours au premier système.

Quel que soit le système de pression adopté, il doit être tel qu'on puisse le modifier en raison des caractères des fibres de la masse à traiter. Le produit doit toujours pouvoir être entraîné régulièrement et sans effort. Si l'adhérence était insuffisante, la matière pourrait ne pas suivre les cylindres, passer avec une tension insuffisante qui permettrait le vrillage, ou être attirée irrégulièrement et s'arrêter, s'accumuler entre les organes. Si, au contraire, la pression dépassait une certaine limite, il en résulterait des *barbes* et des *coupures*, ainsi que *l'usure anormale des organes* et une *dépense inusitée de force motrice* comme nous l'avons indiqué précédemment.

Sans déterminer *a priori* les quantités absolues de pression pour les différents cas que l'on rencontre journellement dans l'industrie, nous ferons cependant remarquer que la pression :

1° Est proportionnelle à la masse à travailler ;

2° Est proportionnelle à la longueur des fibres ;

3° Est en raison inverse de leur finesse, de la propriété glissante ou netteté de la surface. Cette pression doit donc varier avec la grosseur et les caractères de la matière. Plus l'étirage est fort moins il faut de pression car le nombre de fibres à extraire dans le même temps est moindre, donc moindre aussi l'effort à vaincre pour l'étirage.

Pour une même matière les pressions diminuent sur les organes à partir de l'entrée des machines, c'est-à-dire qu'elles sont supérieures sur les premiers et dans l'ensemble d'un assortiment de préparation elles iront en diminuant à mesure de l'affinage de la matière.

Pour résoudre les problèmes qui se rapportent à la pression des cylindres on applique quelques principes de mécanique élémentaire qu'il est utile d'exposer.

Calcul des pressions sur les leviers.

Le levier est ici un agent mécanique recevant l'action d'une puissance et la transformant en pression sur l'un des cylindres.

La distance de la puissance au point d'appui ou encore celle de la pression au point d'appui s'appellent *bras de leviers*.

En filature on n'emploie que deux systèmes de leviers :

1er *Genre*. — Les leviers dans lesquels le point d'appui est situé entre la puissance et la pression. La pression s'exerce dans ce cas sur le cylindre inférieur de bas en haut.

Ainsi dans la figure 82, le point d'articulation est en O. — AO est le bras de levier de la résistance. — BO est le bras de levier de la puissance. — Pu indique la résistance. — P^2 indique la pression.

2e *Genre.* — Le point d'appui est à une extrémité du levier. La puissance est à l'autre extrémité et la pres-

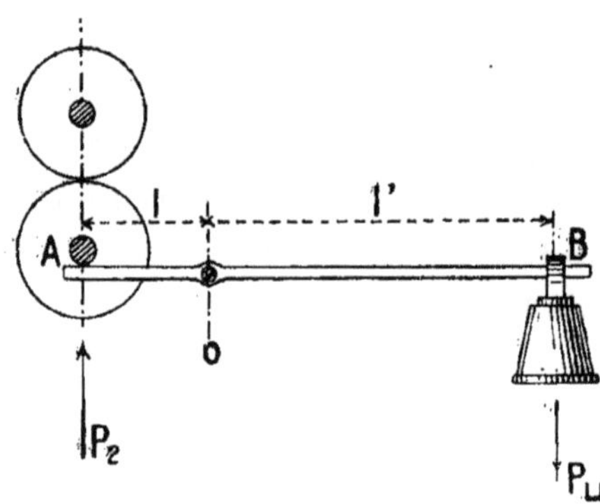

Fig. 82.

sion se trouve au milieu. La pression est alors exercée sur le cylindre supérieur. La figure 81 représente un levier de ce genre. Le point d'articulation est en O, la puissance agit suivant la flèche Pu et la pression suivant celle P^2.

Règle générale sur les leviers. — Dans un système de pression par leviers et contre-poids, la puissance multipliée par son bras de levier est toujours égale à la pression multipliée par son bras de levier.

En appliquant cette règle d'après la figure 82, si on désigne par P_2 la pression et Pu la puissance, on pourra écrire :

$$P_2 \times l = Pu \times l' \ (1).$$

De cette formule (1) on peut déduire l'un des termes si l'on connaît les 3 autres. Ainsi on peut écrire :

$$P_2 = \frac{Pu \times l'}{l} \ ; \ Pu = \frac{P_2 \times l}{l'} \ ; \ l = \frac{Pu \times l'}{P_2} \text{ et } l' = \frac{P_2 \times l}{Pu}$$

En appliquant la même règle d'après la figure 81, on écrira :

$$PuL = P_2 l \ (2).$$

De cette formule (2) on peut, de même qu'avec la formule (1), déduire l'un des termes si l'on connaît les 3 autres :

$$Pu = \frac{P_2 \times l}{L}; \ P_2 = \frac{Pu \times L}{l}; \ L = \frac{P_2 \times l}{Pu}; \ l = \frac{PuL}{P_2}$$

Problèmes d'application.

1° Quelle est la puissance que produirait une pression de 40 k. placée à 8 centimètres du point d'appui

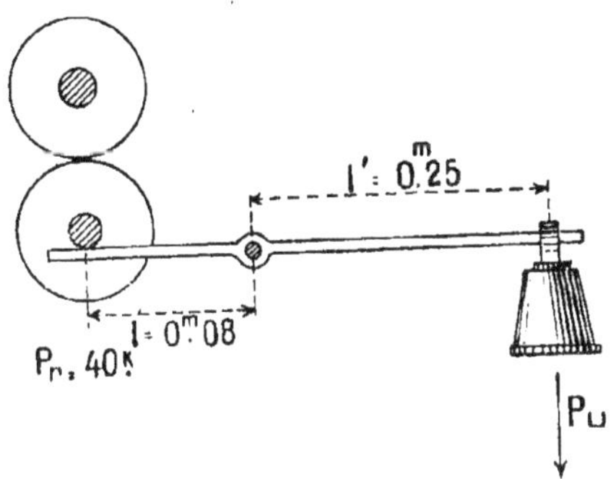

Fig. 83.

d'un levier du 1er genre, sachant que cette puissance doit agir à 25 centimètres du point d'appui (fig. 83)?

On peut écrire : $Prl = Pul'$.

Comme nous cherchons la puissance P, il viendra :

$$Pu = \frac{Prl}{l'}$$

et en remplaçant les lettres par leur valeur :

$$Pu = \frac{40 \times 80}{25} = 12\text{k}.800.$$

Règle. — On multiplie la valeur de la pression (40 k.) par son bras de levier et on divise le produit obtenu par le bras de levier (25 cm.) de la puissance. On obtient ainsi la valeur de la puissance.

2° On exerce une pression par un levier du 2e genre sur les cylindres d'un banc d'étirage. On demande de calculer la puissance P*u* qui agit à l'extrémité de ce

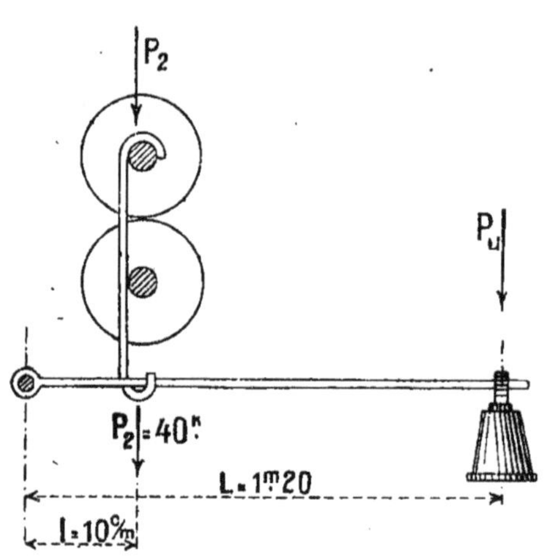

Fig. 84.

levier, sachant que la pression est de 40 k. et que les leviers ont $l = 10$ centimètres et $L = 1$ m. 20 ? (fig. 84).

De la formule $P_2 l = PuL$, puisque c'est P*u* que nous cherchons, on déduit :

$$Pu = \frac{P_2 l}{L}$$

et en remplaçant les lettres par leur valeur, on a :

$$Pu = \frac{40 \times 10}{120} = 3 \text{ k. } 350.$$

3° Le contre-poids ou la puissance d'un levier de 2e genre (fig. 84) pesant 10 kgs, le levier L ayant par exemple 1 m. 50 et le levier l ayant 0 m. 15, quelle est la valeur de la pression exercée ?

De la même formule $P_2 l = PuL$, on tire : $P_2 = \frac{PuL}{l}$ et en remplaçant les lettres par leur valeur, on aura :

$$P_2 = \frac{10 \times 150}{15} = 100 \text{ kgs.}$$

4° On doit exercer une pression de 100 kgs sur les cylindres d'un banc d'étirage. La distance du point d'articulation du levier au point d'action de la pression est de 20 centimètres. Sachant que la puissance doit agir à une distance L de 1 m. 20, quel sera le poids nécessaire pour faire l'équilibre ?

En appliquant toujours la même formule $P_2 l = PuL$, on tire la valeur de la pression : $Pu = \frac{P_2 l}{L}$ et en remplaçant les lettres par leur valeur :

$$Pu = \frac{100 \times 20}{120} = 16 \text{ k. } 670.$$

Leviers multiples.

Quand on veut, par leviers exercer de fortes pressions, on augmente, ou le poids du contre-poids, ou la longueur du levier ; mais quand la machine ne permet pas d'augmenter par trop les proportions du levier, on a recours à une disposition spéciale dite à *leviers multiples.*

La figure 85 ci-contre, montre une disposition à deux leviers permettant, avec un faible poids de pression, d'augmenter la pression exercée sur les cylindres.

Le 1er levier AB est articulé en A, une agrafe métallique le relie à un 2e levier OC articulé en O, ce qui augmente donc la longueur totale du levier.

En appliquant le principe des leviers, on pourra écrire pour le levier AB : $Prl = PuL$ d'où on tire $Pr = \frac{PuL}{l}$ (4).

Pour le levier OC on peut écrire : $P'uL' = Pul'$. On en déduit :

$$Pu = \frac{P'uL'}{l'}.$$

et si on remplace Pu par cette valeur dans l'égalité (4) ci-dessus, on aura :

$$Pr = \frac{Pu'LL'}{ll'}$$

et d'une façon générale, pour un nombre quelconque de

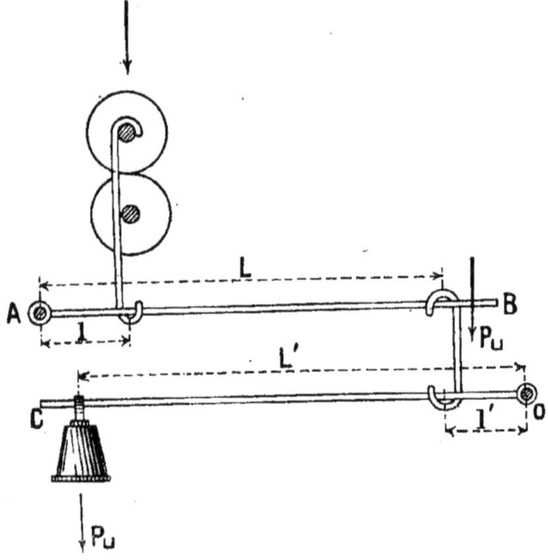

Fig. 85.

leviers comme l'indique la figure 86 composée de plusieurs leviers on aurait : Pu étant le poids :

$$Pr = \frac{Pu \times L \times L' \times L'' \times \ldots\ldots}{l \times l' \times l'' \times \ldots\ldots} \quad (5).$$

On déduit de là la règle générale suivante :

Règle générale. — Dans un système de pression par leviers multiples, la pression exercée s'obtient en multipliant le poids du contre-poids qui est placé sur le dernier levier, par le produit de tous les grands bras de leviers, et en divisant le résultat obtenu par le produit de tous les petits bras de leviers.

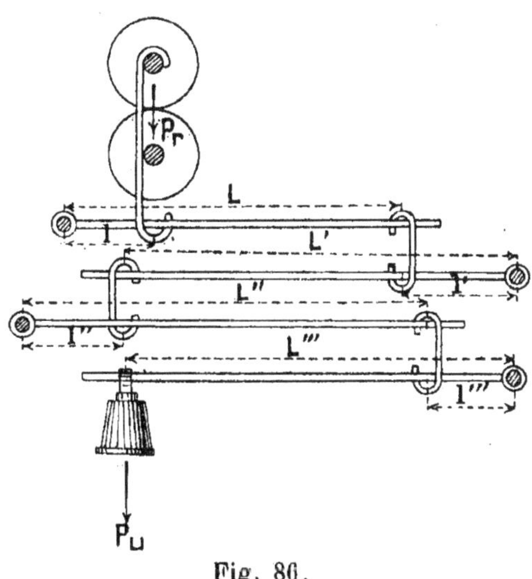

Fig. 86.

Applications numériques des leviers multiples.

1er *Problème.* — Supposons un système de 2 leviers, dans lequel on a l = 10 centimètres ; L = 1 m. 20 ; l' = 15 centimètres ; L' = 1 m. 50 et le poids P*u* pesant 15 kilos. Quelle est la valeur de la pression exercée par ces leviers combinés agissant sur les cylindres d'un banc à broches ?

En appliquant la règle précédente, on aura :

$$\text{Pression exercée ou P}r = \frac{15 \times 120 \times 150}{10 \times 15} = 1.800 \text{ kilos.}$$

2e *Problème.* — On veut exercer une pression de 1.000 kilos sur les cylindres étireurs d'un banc d'étirage. On connaît : $l = 10$ cm. ; $L = 1$ m. 20 ; $l' = 15$ cm. ; et $L' = 1$ m 50. Quel sera le poids du contre-poids à placer sur le 2e levier ?

De la formule 5 $Pr = \frac{Pu \times L \times L' \times L'' \times \ldots}{l \times l' \times l'' \times \ldots}$,

on peut déduire :

$$Pr \times l \times l' \times l'' \times \ldots = Pu \times L \times L' \times L'' \times \ldots \quad (6)$$

d'où l'on tire la valeur cherchée :

$$Pu = \frac{Pr \times l \times l' \times l''}{L \times L' \times L''}$$

et en remplaçant les lettres par leur valeur, on aura pour le poids du contre-poids :

$$Pu = \frac{1.000 \times 10 \times 15}{120 \times 150} = 8 \text{ k. } 350.$$

On peut déduire de là la règle générale suivante :

Règle générale. — Le poids du contre-poids nécessaire pour produire une pression déterminée, s'obtient en multipliant la pression que l'on veut produire par le produit des petits bras de leviers, et en divisant le résultat obtenu par le produit des grands bras de leviers.

3e *Problème.* — On veut exercer une pression de 1.000 kilos sur le levier inférieur d'un système. A cet effet, on dispose d'un poids de 8 k. 350. Quels sont les longueurs des bras de leviers qu'il faudra agencer pour obtenir ce résultat ?

Pour résoudre ce problème, on se donne 3 des bras de leviers, par exemple L, l et l' et on calcule le 4e L'.

A cet effet, la formule (6) trouvée ci-dessus :

$$Prll' = PuLL'$$

permet de déduire la longueur L′ que nous cherchons. On a :

$$L' = \frac{Prll'}{PuL} .$$

Si enfin on remplace les lettres par leur valeur (celle donnée dans les problèmes précédents) on aura :

$$L' = \frac{1.000 \times 10 \times 15}{8 \text{ k. } 350 \times 120} = 1 \text{ m. } 50.$$

Cas où le système de leviers agit sur 2 *cylindres à la fois.*

Dans le cas où le système de leviers agit sur 2 cylindres à la fois, comme dans la figure (87), la pression

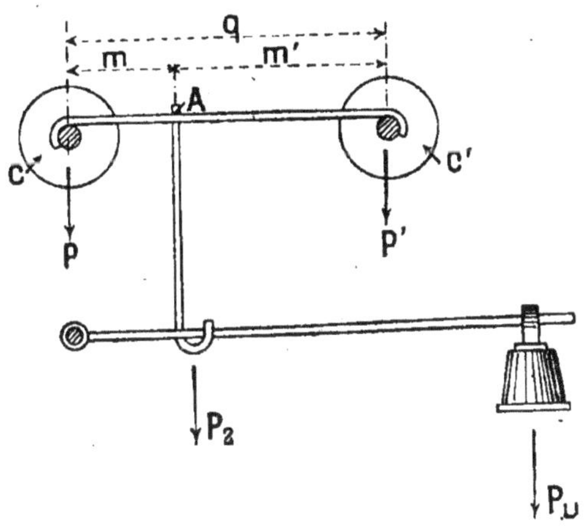

Fig. 87.

obtenue par les formules précédentes est la *pression totale* exercée P*r*. Cette pression totale se divise en 2 pressions partielles p et p'.

Si m et m' sont les distances du point d'application de P*r* aux axes des 2 cylindres C et C′, on a les relations :

$$pm = p'm' \text{ et } P_2 = p + p' \; (7)$$

d'où l'on tire :

$$p = \frac{P_2 \times m'}{m + m'} \qquad p' = \frac{P_2 \times m'}{m + m'} .$$

Comme $m + m' = q$,

$$p = \frac{P_2 \times m'}{q} ; (8) \; p' = \frac{P_2 \times m'}{q} . (9)$$

$$m = \frac{p' \times q}{P_2} (10).$$

Les 3 formules (7), (8) et (9) suffisent pour les cas se présentant dans la pratique.

1er *Problème.* — Un système de leviers produit une pression de 100 kilogr. Cette pression agit sur 2 cylindres (fig. 87) et le point d'application se trouve à une distance $m = 10$ cm. de l'axe du 1er cylindre C et à une distance $m' = 30$ centimètres de l'axe du second cylindre C'. Quelles sont les pressions exercées sur les cylindres C et C' ?

En appliquant les formules (8) et (9) et en faisant : $q = 10 + 30 = 40$ centimètres, on a :

$$p = \frac{P_2 m'}{q} = \frac{100 \times 30}{40} = 75 \text{ kilogrammes;}$$

et :

$$p' = \frac{P_2 m}{q} = \frac{100 \times 10}{40} = 25 \quad —$$

La pression exercée sur C est 75 kilogrammes. — La pression exercée sur C' est 25 kilogrammes.

2e *Problème.* — On veut exercer sur 2 cylindres dont les axes sont à une distance de 28 centimètres, une des pressions de 20 k. et de 50 k. Quelle sera la pression à exercer sur la traverse et à quelle distance de l'axe du

1er cylindre C faudra-t-il mettre le point d'application de cette pression ?

On connaît : $p' = 50$ kilogrammes, $p = 20$ kilogrammes, $q = 28$ cm. Il faut calculer m et P_2. La formule (7) nous donne :

$$P_2 = p + p' = 50 + 20 = 70 \text{ kilogrammes.}$$

La formule (10) donne :

$$m = \frac{50 \times 28}{70} = 20 \text{ centimètres.}$$

La pression totale à exercer sera donc 70 kilogrammes et le point d'application de cette pression devra se trouver à 20 centimètres de l'axe du cylindre qui doit recevoir 20 kilogrammes de pression.

Pression exercée sur les cylindres des machines d'étirage de la filature du lin.

Les pressions exercées sur l'axe commun à deux cylindres presseurs ont les valeurs moyennes suivantes :

Sur le cylindre étireur d'une étaleuse.	200 à 600 k.
— d'un 1er banc d'étirage . .	200 à 350 k.
— d'un 2e et 3e banc d'étirage . .	200 à 250 k.
— d'un banc à broches. . .	80 à 125 k.

3° De la torsion.

Torsion des mèches. — Dans la filature du coton, du lin, du jute, etc., on donne généralement de la torsion aux mèches par leur passage aux bancs à broches de façon à augmenter leur résistance et pour leur permettre ainsi de pouvoir se dévider facilement, sans se rompre ou se couper, des bobines sur lesquelles on les envide.

Tandis qu'un ruban est constitué par des filaments qui sont tout simplement juxtaposés et ne se tiennent qu'en vertu d'une adhérence qu'ils ont naturellement les uns pour les autres, la mèche au contraire a ses filaments enroulés en hélice les uns autour des autres, ce qui augmente sa résistance, et celle-ci est d'autant plus grande que la torsion est plus forte.

En principe, la torsion, c'est-à-dire le nombre de tours que l'on donne à la mèche à l'unité de mesure, doit être réduit à son minimum, attendu qu'il contrarie l'étirage des métiers à filer.

Les torsions, pour être convenables, doivent varier proportionnellement aux racines carrées des numéros des mèches ou en raison inverse des racines carrées de leurs poids.

Si par exemple, une mèche de lin n° 6 reçoit une torsion de 4 t. 38 par décimètre, une autre mèche de n° 3 devra recevoir une torsion de :

$$\frac{T}{T'} = \frac{\sqrt{N}}{\sqrt{N'}}$$

on en déduit :

$$\frac{4,38}{T'} = \frac{\sqrt{6}}{\sqrt{3}}$$

d'où :

$$T' = \frac{4,38\sqrt{3}}{\sqrt{6}} = 2 \text{ t. } 37.$$

Une mèche de coton n° 3 recevant une torsion de 8 t. 20

au banc en fin, une mèche de nº 4 en recevrait une de :

$$T' = \frac{8t.20 \times \sqrt{4}}{\sqrt{3}} = 9t.85.$$

Remarque. — Au lieu de tordre les mèches pour augmenter leur consistance comme le font les bancs à broches, on peut arriver au même résultat par le frottage qui, en roulant les mèches sur elles-mêmes, en agglomère, pour ainsi dire les filaments.

Torsion des fils. — La torsion a pour effet de donner au fil la solidité et la résistance voulue tout en lui conservant l'intégralité de son élasticité ; si elle est insuffisante, le fil sera sans consistance, si elle est trop forte au contraire, le fil devient sec et cassant.

Généralement les fils de chaîne sont plus tordus que les fils de trame. Toutefois, d'une manière générale, la torsion dépend de la longueur des brins, de leur qualité et de l'écartement des cylindres, c'est-à-dire que les brins plus longs devront être moins tordus que les brins courts et que la préparation doit relativement être moins tordue avec de petits qu'avec de grands écartements.

Les torsions pour des numéros différents, mais faits avec la même préparation sont proportionnelles aux racines carrées des numéros, c'est-à-dire que si T est la torsion qui correspond à un numéro N, et T' la torsion qui correspond à un numéro N', on peut écrire :

$$\frac{T}{T'} = \frac{\sqrt{N}}{\sqrt{N'}}.$$

Remarque. — Une torsion de 100 tours par décimètre pour des fibres de coton de 25 mm. de longueur, indique 25 tours de torsion par longueur de fibres ; c'est-à-dire que la fibre de coton considérée à 25 tours de torsion, a 25 points de contact avec les autres qui, avec elles, constituent le fil.

Si un fil, dans ces conditions, est suffisamment fort et élastique, il ne faudra également, pour donner la même force et la même élasticité à un fil formé avec des filaments de 30 mm, que 25 tours par longueur de fibres, c'est-à-dire 83 tours, 33, par décimètre de longueur aussi peut-on dire que :

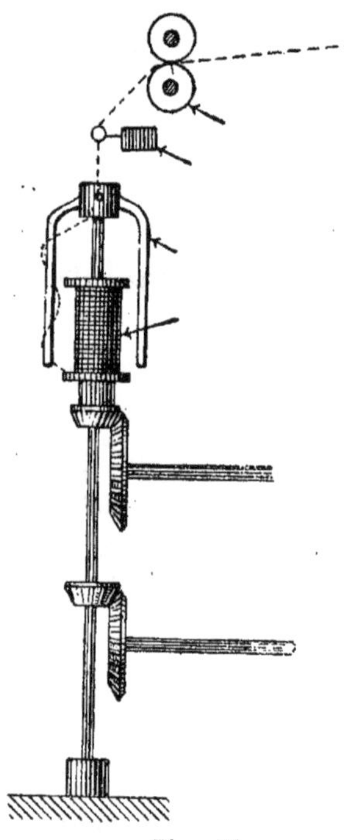

Fig. 88.

La torsion est inversement proportionnelle à la longueur des fibres.

$$\frac{T}{T'} = \frac{\sqrt{N'}}{\sqrt{N}}.$$

La torsion se donne dans les machines de différentes façons :

1° Elle peut se donner au moyen de broches et d'ailettes comme cela se fait dans les bancs à broches ainsi que l'indique la figure (88).

2° On peut donner la torsion aux fils ou aux mèches en faisant pivoter le fil à l'extrémité d'une broche inclinée de 15° à 18° sur la verticale ainsi que l'indique la figure (89). C'est par ce moyen que l'on donne la torsion aux fils dans les métiers à filer renvideur que l'on emploie dans la filature du coton et de la laine.

3° On donne encore la torsion aux fils au moyen d'anneaux et de curseurs. Le fil, au sortir des cylindres délivreurs, vient passer dans le curseur (fig. 90) et de là s'enroule sur la bobine. La broche en tournant tend à enrouler le fil qui se présente horizontalement, mais

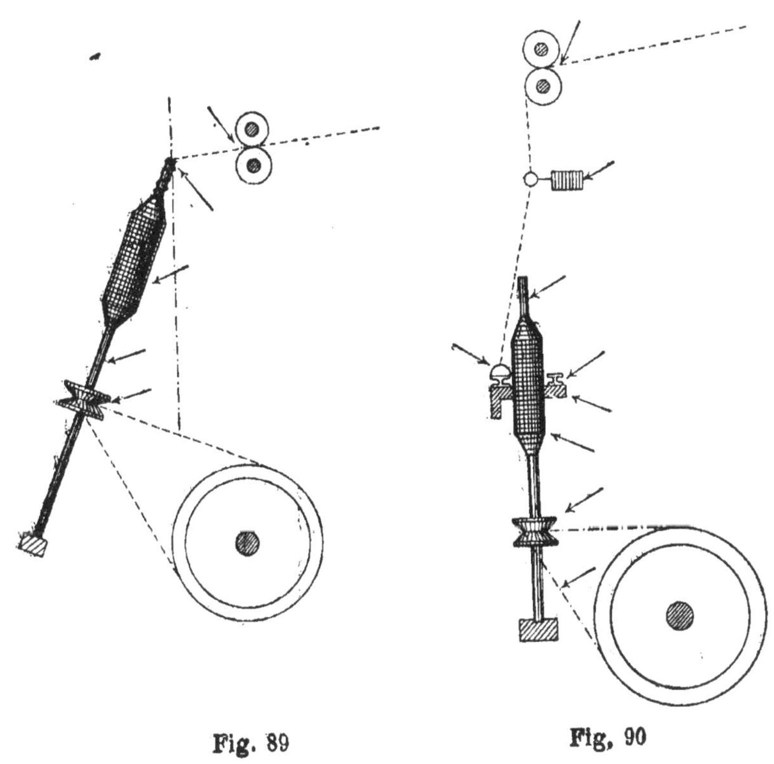

Fig. 89 Fig. 90

comme le curseur tourne en même temps à une vitesse différente, le fil prend de la torsion.

Tableau des racines carrées des nombres de 1 à 150 nécessaire pour les calculs de torsion des fils.

Nombres	Racines carrées	Nombres	Racines carrées	Nombres	Racines carrées	Nombres	Racines carrées	Nombres	Racines carrées
1	1	31	5.568	61	7.810	91	9.539	121	11
2	1.414	32	5.657	62	7.874	92	9.592	122	11.045
3	1.732	33	5.745	63	7.937	93	9.644	123	11.090
4	2	34	5.831	64	8	94	9.695	124	11.136
5	2.236	35	5.916	65	8.062	95	9.747	125	11.180
6	2.449	36	6	66	8.124	96	9.798	126	11.225
7	2.646	37	6.083	67	8.185	97	9.849	127	11.269
8	2.828	38	6.164	68	8.246	98	9.899	128	11.314
9	3	39	6.245	69	8.307	99	9.950	129	11.358
10	3.162	40	6.325	70	8.367	100	10	130	11.402
11	3.317	41	6.403	71	8.426	101	10.050	131	11.446
12	3.464	42	6.481	72	8.485	102	10.100	132	11.489
13	3.606	43	6.557	73	8.544	103	10.149	133	11.533
14	3.742	44	6.633	74	8.602	104	10.198	134	11.576
15	3.873	45	6.708	75	8.660	105	10.247	135	11.619
16	4	46	6.782	76	8.718	106	10.296	136	11.662
17	4.123	47	6.855	77	8.775	107	10.344	137	11.705
18	4.243	48	6.928	78	8.832	108	10.392	138	11.747
19	4.359	49	7	79	8.888	109	10.440	139	11.790
20	4.472	50	7.071	80	8.944	110	10.488	140	11.832
21	4.583	51	7.141	81	9	111	10.536	141	11.874
22	4.690	52	7.211	82	9.055	112	10.583	142	11.916
23	4.796	53	7.280	83	9.110	113	10.630	143	11.958
24	4.899	54	7.348	84	9.165	114	10.677	144	12
25	5	55	7.416	85	9.220	115	10.724	145	12.042
26	5.099	56	7.483	86	9.274	116	10.770	146	12.083
27	5.196	57	7.550	87	9.327	117	10.817	147	12.124
28	5.292	58	7.616	88	9.381	118	10.863	148	12.166
29	5.385	59	7.681	89	9.434	119	10.909	149	12.207
30	5.477	60	7.746	90	9.487	120	10.954	150	12.247

Tableau des pieds et pouces et leurs équivalents en mètres (nécessaire en filature de lin, chanvre et jute).

Pds	pces	Mètres	Pds	pces	Mètres	Pds	pces	Mètres	Pds	pces	Mètres
0.	0 1/2	0.013	4.	0	1,219	30.	0	9.143	56.	0	17,067
0.	1	0.025	5.	0	1,523	31.	0	9.447	57.	0	17,372
0.	1 1/2	0.038	6.	0	1,828	32.	0	9.752	58.	0	17.677
0.	2	0.051	7.	0	2.132	33.	0	10.057	59.	0	17,982
0.	2 1/2	0.063	8.	0	2.437	34.	0	10.362	60.	0	18 287
0.	3	0.076	9.	0	2,741	35.	0	10.667	61.	0	18,592
0.	3 1/2	0,089	10.	0	3,047	36.	0	10,972	62.	0	18.896
0.	4	0,101	11.	0	3,352	37.	0	11.276	63.	0	19.201
0.	4 1/2	0.114	12.	0	3.656	38.	0	11.581	64.	0	19.506
0.	5	0.127	13.	0	3,961	39.	0	11,886	65.	0	19,811
0.	5 1/2	0.140	14.	0	4,266	40.	0	12,191	66.	0	20,115
0.	6	0.152	15.	0	4,571	41.	0	12,495	67.	0	20.420
0.	6 1/2	0.165	16.	0	4.875	42.	0	12,800	68.	0	20.725
0.	7	0.178	17.	0	5,180	43.	0	13,105	69.	0	21,030
0.	7 1/2	0,190	18.	0	5.485	44.	0	13.410	70.	0	21.335
0.	8	0,203	19.	0	5.790	45.	0	13,715	71.	0	21.639
0.	8 1/2	0,216	20.	0	6.095	46.	0	14,019	72.	0	21,944
0.	9	0.229	21.	0	6,400	47.	0	14,324	73.	0	22.249
0.	9 1/2	0,241	22.	0	6.705	48.	0	14,629	74.	0	22.554
0.	10	0,254	23.	0	7.010	49.	0	14.934	75.	0	22.859
0.	10 1/2	0.267	24.	0	7,315	50.	0	15,239	76.	0	23.164
0.	11	0,279	25.	0	7.620	51.	0	15,543	77.	0	23.469
0.	11 1/2	0,292	26.	0	7.924	52.	0	15.848	78.	0	23,774
1.	0	0.305	27.	0	8.229	53.	0	16.153	79.	0	24.079
2.	0	0.609	28.	0	8.534	54.	0	16,458	80.	0	24,383
3.	0	0,914	29.	0	8,838	55.	0	16,763	81.	0	24.688

Remarque :

Pieds × 0,3048 = mètres.

Pouces × 25,399 = millimètres.

TABLE DES MATIÈRES

Pages

DEUXIÈME PARTIE

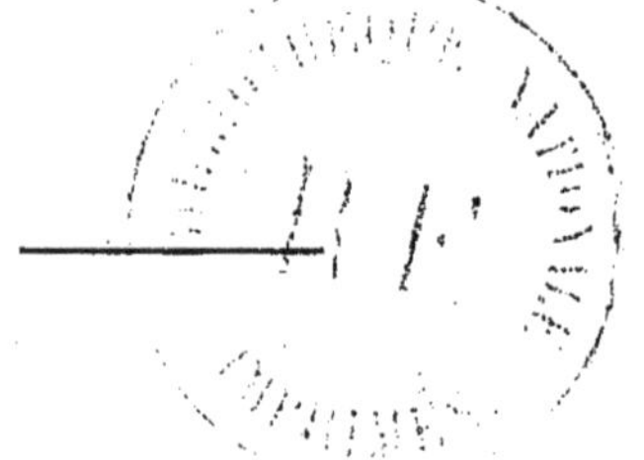

LAVAL. — IMPRIMERIE L. BARNÉOUD ET Cie.

www.ingramcontent.com/pod-product-compliance
Ingram Content Group UK Ltd.
Pitfield, Milton Keynes, MK11 3LW, UK
UKHW021101260726
13994UKWH00002B/631

9 782329 428307